하루만에 꿰뚫는

# 만화 성경관통

구약편

구약편

하루만에 꿰뚫는

# 만화성경관통

글·그림 조대현

규장

서문

# 성경 속의 보화를 발견하기 바랍니다!

여기 두 명의 건축가가 있습니다. 동수 씨는 일 년에 집을 한 채 짓습니다. 철수 씨는 일 년에 집을 다섯 채나 짓지요. 누가 더 훌륭한 건축가일까요?

그런데 저런, 지진이 나고 말았습니다. 철수 씨가 지은 집들은 모두 무너지고 말았습니다. 그러나 동수 씨의 집은 끄떡없었죠. 누가 더 훌륭한 건축가일까요?

공부든 운동이든 기초가 중요합니다. 튼튼한 기초는 가능성을 만들고 미래를 약속하죠.

신앙도 마찬가지입니다. 기초가 튼튼하지 않으면 작은 어려움에도 흔들리고 말죠. 신앙의 기초는 뭐니뭐니해도 하나님의 말씀, 즉 '성경'입니다.

성경을 모르면 사사 시대 백성들처럼 자기 소견에 옳은 대로 제멋대로 살아가게 됩니다. 성경의 토대 위에 드리는 예배와 기도, 성경이 바탕이 된 인생 경영. 바로 이것이 하나님의 뜻대로 살아가는 하나님의 백성들이 반드시 갖춰야 하는 필요조건들입니다.

많은 사람들이 어릴 때부터 교회학교에 다닙니다. 그러나 한 가지 놀라운 사실은 많은 성도들이 수년 간 혹은 수십 년 간 교회에 다니고 있으면서도 성경의 큰 흐름을 알지 못한 채, 모자이크 조각처럼 성경을 조각조각 알고 있다는 것입니다.

뿐만 아닙니다. 성경에 대한 지식이 전혀 없으면서도 그 사실을 부끄럽게 생각하지 않는 성도들도 얼마나 많은지 모릅니다. 많은 분들이 성경을 공부하고 묵상하고 적용하는 일에 게으른 것을 대수롭지 않게 여기고 있습니다. 그것이 신앙생활에 얼마나 위험천만한 일인지를 깨닫지 못한 채 말입니다.

저 자신도 모태신앙이지만 장년이 될 때까지 체계적인 성경공부 한 번 못했음을 고백합니다. 성경을 제대로 배우지도 않고 이해하지도 못한 채 교회학교 학생들을 가르쳤고, 찬양대에서 찬양을 했고, 선교회 활동을 했습니다. 그런데도 저는 문제점을 발견하지 못했고, 그것이 문제라고 말해주는 사람도 전혀 없었습니다.

뒤늦게야 성경의 깊은 맛을 알고 눈물로 책장을 넘기며 매일매일 삶의 양식을 공급받게 되었지요.

기독 만화가로서, 10여 년 전부터 성경의 큰 틀을 만화로 구성해보고자 하는 마음이 가득했는데, 이제야 《하루만에 꿰뚫는 만화 성경관통》을 하나님 앞에 올려드리게 되었습니다.

성경이 삶의 분모가 되어 삶의 열매를 풍성히 맺는 삶을 살기 바라는 마음으로, 또 더 많은 사람들에게 성경 속의 보화를 발견할 수 있는 길을 소개하고자 하는 마음으로 2년 동안 글을 쓰고 그림을 그렸습니다.

성경의 깊은 내용까지 상세히 다루지 못한 아쉬움은 있지만, 성경이라는 큰 산을 둘러볼 수 있는 친절한 가이드가 되어주리라 믿습니다.

사랑하는 아내 경애와 하나님의 선물 영찬, 안나와 기도로 후원해주시는 모든 분들께 고마움을 전하며, 좋은 책을 만들어주신 규장 가족들에게도 감사드립니다.

**조대현** 목사

# 차례

# 주제별로 본 성경

## 구약

| 분류 | 성경 | 약어 |
|---|---|---|
| 율법서 | 창세기 | 창 |
| | 출애굽기 | 출 |
| | 레위기 | 레 |
| | 민수기 | 민 |
| | 신명기 | 신 |
| 역사서 | 여호수아서 | 수 |
| | 사사기 | 삿 |
| | 룻기 | 룻 |
| | 사무엘상 | 삼상 |
| | 사무엘하 | 삼하 |
| | 열왕기상 | 왕상 |
| | 열왕기하 | 왕하 |
| | 역대상 | 대상 |
| | 역대하 | 대하 |
| | 에스라서 | 스 |
| | 느헤미야서 | 느 |
| | 에스더서 | 에 |
| 시가서 | 욥기 | 욥 |
| | 시편 | 시 |
| | 잠언 | 잠 |
| | 전도서 | 전 |
| | 아가서 | 아 |
| 대선지서 | 이사야서 | 사 |
| | 예레미야서 | 렘 |
| | 예레미야애가 | 애 |
| | 에스겔서 | 겔 |
| | 다니엘서 | 단 |
| 소선지서 | 호세아서 | 호 |
| | 요엘서 | 욜 |
| | 아모스서 | 암 |
| | 오바댜서 | 옵 |
| | 요나서 | 욘 |
| | 미가서 | 미 |
| | 나훔서 | 나 |
| | 하박국서 | 합 |
| | 스바냐서 | 습 |
| | 학개서 | 학 |
| | 스가랴서 | 슥 |
| | 말라기서 | 말 |

TIP

- 율법서 : 세상의 시작과 선택받은 민족에 관한 이야기와 율법에 대한 설명과 적용
- 구약의 역사서 : 구약 시대 이스라엘 민족과 역대 왕들이 살아간 이야기
- 시가서 : 하나님을 찬양하고 노래하는 시와 기도, 그리고 삶에 지혜를 주는 글 모음
- 대선지서 : 이스라엘의 죄를 지적하고 하나님의 뜻을 전한 선지자들의 비교적 긴 글
- 소선지서 : 대선지서에 비해 상대적으로 내용이 짧은 선지서들

## 신약

| 분류 | 성경 | 약어 |
|---|---|---|
| 복음서 | 마태복음 | 마 |
| | 마가복음 | 막 |
| | 누가복음 | 눅 |
| | 요한복음 | 요 |
| 역사서 | 사도행전 | 행 |
| 바울 서신 | 로마서 | 롬 |
| | 고린도전서 | 고전 |
| | 고린도후서 | 고후 |
| | 갈라디아서 | 갈 |
| | 에베소서 | 엡 |
| | 빌립보서 | 빌 |
| | 골로새서 | 골 |
| | 데살로니가전서 | 살전 |
| | 데살로니가후서 | 살후 |
| | 디모데전서 | 딤전 |
| | 디모데후서 | 딤후 |
| | 디도서 | 딛 |
| | 빌레몬서 | 몬 |
| 일반 서신 | 히브리서 | 히 |
| | 야고보서 | 약 |
| | 베드로전서 | 벧전 |
| | 베드로후서 | 벧후 |
| | 요한일서 | 요일 |
| | 요한이서 | 요이 |
| | 요한삼서 | 요삼 |
| | 유다서 | 유 |
| 예언서 | 요한계시록 | 계 |

TIP

- 복음서 : 예수님이 이 땅에 오셔서 하신 말씀과 하신 일에 대한 이야기
- 신약의 역사서 : 초대교회가 세워진 후 복음이 어떻게 전파되었는지에 대한 기록
- 바울 서신 : 사도 바울이 여러 교회들에게 쓴 복음과 신앙생활에 대한 편지
- 일반 서신 : 바울 이외의 예수님의 제자(사도)들이 쓴 신앙생활의 지침과 격려
- 예언서 : 예수님의 제자 요한이 쓴 교회와 세상의 미래에 대한 하나님의 말씀

성경을 왜 읽어야 하나요?
구약성경의 기초, 모세오경을 알아봅시다!

# 성경을 왜 읽어야 하나요?

## 인류의 역사와 미래가 담겨 있는 책, 성경에 대해 알아봅시다!

성경은 세상에 사는 사람들과 관계를 맺기 위해 손을 뻗으시는 하나님의 이야기입니다. 성경은 '세상의 창조 이야기'에서 시작하여 '세상의 종말'에 관한 이야기로 끝이 나죠. 구약성경은 예수 그리스도께서 세상에 오시기 전에 기록된 것이고, 신약성경은 예수 그리스도께서 세상에 오셔서 사역하시고 십자가에서 죽으시고 부활하시고 승천하신 이후에 기록된 것입니다.

성경에는 인간의 근원적인
고민에 대한
인간은
어디에서
왔는가?
모든 해답이 담겨 있습니다.
나는
누구인가?
?
학교 안 가니?
구원의 진리를 드러내 보여주고
SOS!
잘못된 길을 걷고 있는 자들에게 생명의 길을 가르쳐주지요.
돌아서시오!
U턴!
멸망
성경이 수세기 동안 읽히며
BIBLE
2,400개 이상의 언어로 번역된 이유는
성경이 단순한 교양서적이 아니라
철학
문학
'신적(神的) 권위' 가 그 안에 있기
때문일 것입니다.
※신적 권위 : 하나님의 권위
성경은 예수 그리스도와 그분이
하신 일에 대해 가르쳐주며
JESUS
우리의 구원자는 예수 그리스도
뿐이라는 사실을 밝혀줍니다.
성경은 예수 그리스도의 탄생을
전후로 양분됩니다.
구약
신약

구약은 '오실 예수님' 에 대하여
여인의 후손
다윗의 자손
신약은 '오신 예수님' 에 대하여 기록한 책입니다.
탄생부터 부활까지
그리고 교회가 어떻게 생겼는지에 대해서도…
CHURCH
'구약', '신약'의 '약'은 '언약'을 의미합니다.
約
Testament
하나님께서는 각계각층 40여 명의 기자들을 통해 성경을 기록하게 하셨습니다.
성경은 하나님께서 인간과 맺으신 언약의 파노라마입니다.
언약
하나님께서 우리에게 전해주시고자 하는 메시지를
성경을 통해 주신 것입니다.
message

성경이 하나님의 말씀이라는 건 잘 알겠습니다!
성경 속에 진리가 담겨 있다는 것도 알겠습니다
하지만!
그런데?
성경을 읽는다는 건 어려워잉~
부담스럽다니깐요
앙
물론 성경을 읽어나가는 데 장애물이 있을 수 있습니다.
문화적 장벽
시간적 장벽
인간의 생각으로는 이해가 잘 안 돼!
무슨 뜻인지 도통…
쩝
성경이 오랜 시간에 걸쳐 많은 기자들에 의해 기록되다 보니
long time
문체나 양식이 통일되지 않았다는 점도
알쏭달쏭! 헷갈려~
성경 읽는 것을 어렵게 하는 원인이 될 수 있습니다.
성경 읽기
끙
그럼에도 불구하고 우리는 성경을 열심히 읽고 깊이 연구해서
아하!
말씀을 통해 역사하시는 하나님을
성경
삶 속에서 체험해야 합니다.
은혜
죄

성경(Bible)은 헬라어 '비블로스'
에서 유래했는데
BIBλOS
그 뜻은 '한 권의 책' 이라는 의미입니다.
1
성경은 모두 66권으로 구성되어 있고
구약 39
신약 27
모두 1,189장으로 되어 있습니다.
구약은 929장
929
260
신약은 260장 이랍니다
하루에 한 장씩 읽으면 3년 정도 걸리고
1
3년
하루에 3,4장씩 읽으면 1년이면 처음부터 끝까지 읽을 수 있죠!
계산은 그런데 잉…
힘들어
궁금한 점이 있습니다!
질문!
성경이 하나님의 말씀이라고 하셨는데…
그렇죠
40여 명의 사람들이 기록했다면 그들이 성경의 저자가 아닐까요?
저자?
그게 아니라면 그 사람들은 로봇처럼 받아 적은 것인가요?
말씀만 하옵소서
물론 성경은 하나님께서 직접 펜으로 기록한 책은 아닙니다.

성경은 하나님께서 택하신
사람들이
성령의 감동을 받아 기록한 것입니다.
예언은 언제든지
사람의 뜻으로
낸 것이 아니요
오직 성령의
감동하심을
받은 사람들이
하나님께 받아
말한 것임이라
(벧후 1:21)
하나님께서 선택한 자들에게 하나님의 말씀을 불어넣으셔서 그들이
기록한 것이죠.
성 경
그 사람의 인격이 하나님의 영향력에
감화된 상태라면
성령으로 감동된 자라고 할 수
있습니다.
성경은 하나님에 관한 책입니다.
GOD
BIBLE
하나님은
누구신지?
어떤
특징이
있으신지?
가끔
실수도
하시는지?
모든
대답은
성경 안에 있지요
그러므로 성경을 통해서
우리는 하나님을 더 확실히
알 수 있어요.
전능하신
분
영원하신
분

성경의 가장 큰 주제는 이것입니다.
꼭 기억하세요!
예수님께서 구세주로 이 땅에 오셨다는 것입니다.
하나님 앞에 범죄한 인간들은
추방!
불순종
끊임없이 싸우며 살아왔습니다.
죽어라!
너부터
자기 마음대로 살며
내가 곧 법이다!
스스로 왕 노릇하며 살았습니다.
내 위에 아무도 없어!
인간들은 더 깊은 어둠과 죄악에 빠져들었습니다.
죄
그때 하나님의 사랑이 나타났습니다.
예수 그리스도 안에서 그 사랑을 밝히 보여주셨습니다.
믿는 자는 구원을 얻으리라!
죄인 된 인간들에게 죄를 알게 해주고
더럽네
죄
예수님을 통해 구원을 얻게 해주는 것
천국
이것이 성경이 기록된 목적입니다.
그것이 복음이죠!

성경의 원본은 세 가지 언어로 쓰였습니다.
히브리어
아람어
헬라어
구약성경은 BC 3세기경 헬라어로 번역되었는데
그 번역을 '70인역'이라고 부릅니다.
Septuaginta
상징적으로는 로마 숫자로 표시하죠.
LXX
70인역
신약성경은 단계적으로 '정경'으로 채택되었습니다.
정경
정경
현재의 신약성경은 4세기에 인정되었습니다.
정경!
신 약
정경은 헬라어로 '캐논'이라고 하는데
규격을 재는 '자'를 의미합니다.
표준이라는 뜻이죠
그러므로 우리는 신구약 66권의 정경을 통해
신앙과 행위의 기준을 찾아내야 합니다!
!
모든 성경은 하나님의 감동으로 된 것으로
교훈과 책망과 바르게 함과 의로 교육하기에 유익하니
(딤후 3:16)

구약은 오실 예수님에 대한 이야기!
구약은 모두 39권으로 구성되어 있습니다.
신약은 27권
39
27
신구약을 모두 합하면 66권!
구약의 책들은 구전으로 이어진 기록들입니다.
입에서 입으로
구약은 다양한 기자들이 하나님의 영감을 받아 하나님의 역사하심을 구체적인 필요에 의해 기록한 책입니다.
규칙과 법규
시와 격언
역사와 예언
구약은 예수님에 대해 직접 거론하지는 않지만
잘 생각해보면 알죠
메시아로 오실 예수님을 다양하게 묘사하고 있습니다.
아브라함의 혈통으로 오실 것이다!
임마누엘!
구속자!
구약에는 하나님의 중요한 약속이 기록되어 있습니다.
인류의 죄를 없애기 위한 희생제물은 예수 그리스도이시다!
다른 방법은 없다
구약은 오실 예수님에 대해,
신약은 오신 예수님을 기록한 책입니다.
오실거야!
오셨어!
구약은 주제에 따라 넷으로 분류할 수 있습니다
4가지
꼭 기억해둡시다!
옛썰!
율법서
역사서
시가서
예언서(선지서)

율법서
모세가 기록한 책들입니다
'모세오경' 이라고도 하는데
창세기
출애굽기
레위기
민수기
신명기
이스라엘 민족의 기원과 언약들이 기록돼 있습니다.
이렇게 시작됐어요
이렇게 약속했어요
역사서는
실제 있었던 유대민족의 역사가 기록된 책입니다.
전쟁!
통일과 분열!
파란 만장하죠!
여호수아서
사사기
룻기
사무엘상
사무엘하
열왕기상
열왕기하
역대상
역대하
에스라서
느헤미야서
에스더서
애굽을 떠나 이스라엘 땅을 차지한 이후와 포로생활, 귀환 사건 등이 묘사되고 있습니다.
영화보다 더 긴장되는 이야기
시가서에는
개인들의 경험이 잘 담겨 있답니다
희
노
애
락
힘든 삶 가운데서도 하나님께 나아가는 사람들의 모습을 묘사하고 있는데
주만 바라봅니다
시가서는 아래 5권의 책을 말합니다.
욥기
시편
잠언
전도서
아가서
예언서(선지서)는 기록된 분량에 따라
이 책들은 대선지서!
이사야서
예레미야서
예레미야애가
에스겔서
다니엘서
대선지서와 소선지서로 분류하기도 합니다.
꼬마 선지서?
호세아서
요엘서
아모스서
오바댜서
요나서
미가서
나훔서
하박국서
스바냐서
학개서
스가랴서
말라기서
선지자들은 전도자이며 설교자들이었습니다.
미래의 비전을 품고 성결하게 살아야 됩니다!!

# 구약성경의 기초, 모세오경을 알아봅시다!

## 모세오경의 구성과 특징을 알아봅시다!

모세오경은 구약성경의 제일 처음에 나오는 다섯 권의 책인 '창세기, 출애굽기, 레위기, 민수기, 신명기'를 가리키는 것으로, 모세가 기록했다는 의미에서 '모세오경'이라고 부릅니다. 이 다섯 권의 책들은 하나님께서 고대 이스라엘 민족에게 주신 율법의 내용을 상세히 설명하고 있습니다. 때문에 '율법서'라고도 합니다.

천지창조 이야기와
보시기에 좋았더라
아브라함과 선조들의 이야기
실수도 많았어요
출애굽 사건, 광야 생활, 모세의 죽음까지의 이야기가 기록된 책이 모세오경입니다.
느보산
모세오경에는 하나님께서 택하신 민족인 이스라엘의 부흥과 타락,
하나님 따윈 필요 없어!
내 맘대로 살랭!
꺄오~
그럼에도 그 민족을 포기하지 않고 구원하시는 하나님의 끝없는 사랑이 잘 나타나 있습니다.
죄
또 하나 깊은 의미가 있는데…
그게 뭐죠?
쫑긋
구약의 이스라엘은 신약의 전신이라는 의미가 있어요.
내 안에 너 있다

모세오경의 내용은 크게 역사적 기록과 율법으로
나눌 수 있습니다.
역사
율법
역사적 내용은 다시 세 부분으로
나눌 수 있어요.
창조 시대
족장 시대
출애굽 시대
창조 시대는 천지창조에서부터 아브라함이 하나님의
부르심을 받기 이전까지의 시대를 말합니다.
창조
아담과 하와
노아
아브라함
족장 시대는 아브라함을 비롯한 초창기 족장들과
이스라엘을 인도하시는 하나님의 역사 시대입니다.
N
W
E
S
출애굽 시대는 하나님과 하나님께서 택하신 백성인
이스라엘이 언약으로 맺어지는 과정과
꼭!
약속!
그들이 어떻게 약속의 땅 가나안으로 들어가게 되었는지를
기록하고 있습니다.
가나안이야~

※계수 : 이스라엘 인구조사

※전진 : 가나안을 향해 나아감

# 창세기 지명

세상의 처음을 기록한 창세기의 이야기는 티그리스 강과 유브라데 계곡(에덴동산의 추정 지역)에서 시작합니다.
이 밖에 흥미진진한 창세기의 무대가 되었던 지명들을 살펴볼까요?

# 창세기 GENESIS

**책 이름의 뜻?** | '시작' 이란 뜻

**누가 썼나요?** | 모세

**언제 썼는가?** | 예수님이 태어나시기 1450~1410년 전 사이

**어떤 책인가?** | 율법서. 세상 모든 것의 시작에 관한 이야기로 천지창조와 인간의 타락, 대홍수와 바벨탑 사건에 이어 믿음의 조상으로 불리는 아브라함과 그 후손들의 이야기가 담겨 있다.

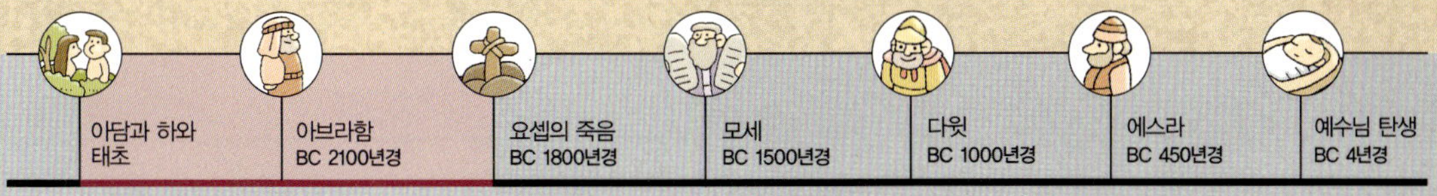

## 성경의 첫 번째 책 창세기를 알아봅시다!

창세기는 성경에 나오는 다른 모든 이야기들의 토대입니다. 성경의 모든 장소와 사람들과 사건들이 창세기에 그 뿌리를 내리고 있습니다. 천지창조와 인간의 범죄로 이야기가 시작되어 아브라함의 후손 예수 그리스도를 통해 주어질 구원의 기쁜 소식에 대한 예고로 끝을 맺습니다.

유대인들은 성경의 첫 단어로 그 책의 이름을 삼는데
뭐든지 처음이 중요하군!
'창세기' 의 히브리 이름은 '베레쉬트' 입니다.
bereshith
'태초에' 라는 뜻이에요!
이를 칠십인역 성경(LXX)은 '제네시스' 라고 번역했습니다.
Genesis
'기원' 또는 '시작' 이라는 뜻이죠!
우리말 '창세기' 는 중국어성경에서 비롯된 이름입니다.
創世記
'세상이 지어질 때의 기록' 이란 뜻!

창세기의 주요 내용

창조
(1,2장)
타락
(3장)
첫 살인
(4장)
홍수심판
(5:1-9:17)
노아
(9:18-10:32)
바벨탑
(11:1-9)
아브라함
(11:10-25:10)
이삭
(25:11-28:5)
야곱
(28:6-37:1)
요셉
(37:2-50:26)

창세기에는 기자의 이름이 직접
언급되어 있지 않지만
?
성경과 교회의 역사는 모세가 창세기의
기자임을 밝히고 있습니다.
모세
이스라엘 백성들의
출애굽 대장정의 주역이자
애굽에서 다양한 학문과 지식을 익힌 모세가
!
성령의 감동으로 기록한 책이 바로
'창세기' 입니다.
창세기
그렇다면
모세는
왜 창세기를
기록했을까요?
하나님께서는
왜 모세에게
창세기를
기록하게
하셨을까요?
당시 이스라엘 백성들은 애굽을 떠나
해방!
가나안으로 가는 도중에 있었습니다.
지루한
광야 생활
그들은 애굽에 내려진 열 가지 재앙을
목격했으며
개구리닷!
장자의
죽음
홍해의 기적도 보았고
와
쫙
갈라졌습니다!
만나를 통해 매일 매일 필요한
양식도 공급받았습니다.
매일 아침
서비스

그러나 그들은 시련과 유혹을 겪으며
윽
불순종
죄
광야에서 방황하고 있었습니다.
빙글
빙글
하나님께서 주신 '약속의 땅'으로 행군하는 길이었지만
가나안
불확실한 미래 때문에 두려워하고 있었습니다.
잘못하면 우리가 죽을 수도 있잖아
으…
하나님에 대한 믿음 안에서 담대해지는 것이 필요해!
그래서 기록된 창세기 안에는 다음과 같은 교훈이 담겨 있답니다.
교훈
하나님은 어떤 분이신가?
살아 계신 오직 한 분이신 하나님!
이스라엘 민족은 어떻게 선민이 되었는가?
아브라함을 통해 선택 받음
※선민 : 하나님의 거룩한 백성으로 택한 민족이라는 뜻
메시아는 어떻게 오시는가?
선택 받은 이스라엘 민족의 혈통으로!
Jesus
하나님께서는 약속의 땅을 주실 것인가?
가나안 땅을 반드시 얻게 되리라!
이것은 최초 수신자인 당시 이스라엘 백성들에게 주신 내용입니다.
그러나!

창세기의 기록 목적은 이것이
전부가 아닙니다!
또 다른 목적이
있어요?
이 땅의 모든 사람들에게 주시는 창세기의
메시지는 바로 이것입니다!
귀 있는 자들은
들을지어다
하나님은 우주의 창조주시며
주권자이시다!
죄의 시작과 그 결과로 나타나는 사망, 그것이 인간에게 어떤 영향을 끼치는가?
꽥!
회개하는 자에게 무한한 긍휼을
베푸시는 하나님!
감격!
하나님의 약속을 믿는 자는 반드시
승리를 얻을 것입니다!
이스라엘 민족을 통해 오실
약속의 씨는
이스라엘
예수 그리스도이십니다!
창세기에 나타난 메시아는
여자의 후손(3:15)이며
셋의 후손(4:25)이며 셈의 후손(9:26)이며
아브라함의 자손(12:3)이며

이삭의 지손(21:12)이며
야곱의 자손(25:26)이며
유다 지파에서 나실 것으로 예언되고
있습니다(49:10).
유다
예수님
창세기 전반부는 성경의 기초가 되는
큰 사건들을 다루고 있습니다(1:1-11:9).
밑줄 쫙악!
창조(1-2장)
타락(3장)
첫 살인(4장)
홍수 심판 (6-9장)
바벨탑 (10-11장)
후반부는 족장들의 이야기입니다(12-50장).
인물 중심!
아브라함(12-24장), 이삭(25,26장),
야곱(27-36장), 요셉(37-50장)이 중심이 되어
전개되고 있죠.
아브라함
이삭
야곱
요셉
창세기는 정확한 연도를 알 수 없는
천지창조 시점부터
?
BC 19세기 요셉의 죽음까지 다루고
있습니다.
…
또한 에덴동산, 갈대아 우르에서부터
시작하여
하란, 가나안, 애굽까지의 광활한
지리적 배경을 다루고 있습니다.
자, 이제부터 창세기의 중요한
사건들을 살펴볼까요?
네!

천지창조(1-2장)
창세기는 온 우주가 하나님에 의해 창조되었다는 놀라운 진리를 선포하고 있습니다.
태초에 하나님이 천지를 창조하시니라
(창 1:1)
첫째 날-빛
둘째 날-궁창
셋째 날-땅, 바다, 식물
넷째 날-해, 달, 별
다섯째 날-물고기, 새
여섯째 날-사람, 동물
일곱째 날-안식
여섯째 날에 있었던 사람의 창조는
하나님의 창조 사역의 절정이라고 할 수 있어요.
에덴동산의 행복한 모습이 그 증거죠!
하나님께서는 사람에게만 인격과 생각하고 판단할 수 있는 능력을 주셔서
우리도 좀 주시지~ 꿀꿀
우리는 그냥 먹고 자고 먹고 자고…
사람을 통해 하나님의 뜻을 나타내고자 하셨습니다.
생육하고 번성하여 땅에 충만하라 바다의 물고기와 하늘의 새와 땅에 움직이는 모든 생물을 다스리라!

타락(3장)
아담과 하와는 하나님께 순종하지 않고
먹는 날에는 정녕 죽으리라!
하나님께서 먹지 말라고 명하신 선악과를 따먹었습니다.
꿀꺽
먹음직도 하고 보암직도 하고 …
※선악과 : 먹으면 선악을 알게 하는 나무의 열매
뱀은 여자를 유혹했고, 남자는 여자의 요구에 응했습니다.
먹어봐
드셔
뱀의 실체는 속이는 영, 곧 사탄이었습니다.
아담과 하와의 죄로 인해 이들의 후손인 모든 인간은 죽음에 이르는 존재가 되고 말았습니다.
첫 살인(4장)
하나님께서는 가인이 드리는 제물은 받지 않으시고 아벨의 제물만 받으셨습니다.
화르륵
조용
※가인과 아벨 : 아담과 하와의 아들들
이를 시기한 가인은 동생 아벨을 살해하고 맙니다.
…
이미 죄로 인해 하나님과 분리를 겪게 된 인간이
드드드
사람과 사람 사이에도 커다란 장벽을 만든 순간이었습니다.
흥!
하지만 하나님께서는 다시 소망을 주셨습니다.
여인의 후손을 통해 구원을 받으리라

홍수 심판(6-9장)
사람들이 땅 위에 번성하기 시작하면서 죄악도 번성하게 됐습니다.
하나님?
필요없다!
인간의 죄악을 보시며 한탄하시던 하나님께서는 거룩한 결단을 내리십니다.
사람들과 육축을 지면에서 쓸어버려야겠다
그러나 하나님께서는 인간을 전멸하지 않으시고 의인 노아를 통해 자비를 베푸십니다.
120년 동안 방주를 만들었어요!
이 방주 덕분에 홍수 속에서도 우리는 구원받았죠!
노아는 홍수 심판 이후 인류의 조상이 되었습니다.
예수님은 천국과 심판의 날을 노아의 때와 같다고 말씀하셨습니다.
그리스도께서 갑자기 오심은 홍수가 임한 것과 같을 것입니다(마 24:39).
노아 시대의 홍수 심판은 이 시대 성도들에게 주시는 예언적 사건입니다.
믿음을 갖고 살자!
바벨탑(10,11장)
홍수 이후 번성한 인간들은 또 다시 하나님께 대항합니다.
하나님이 별거냐?
죄성이 유전된 인간이라 어쩔 수 없나?
한심해

인간들은 자신들의 이름을 널리
알리고 싶어 했습니다.
높은 탑을
세우자!
탑이 하늘에 닿게
하자!
그때까지만 해도 인류는 같은
조상의 후손으로,
같은 언어를 사용했습니다.
아담의
후손
노아의
후손
하나님께서는 탑을 쌓는 사람들의
언어를 혼잡하게 하시고
살라살라
뭔 소리여?
사람들을 온 지면으로 흩어놓으셨습니다.
야벳
셈
함
각자… 뿔뿔이
셈의 후손인 아브라함은 하나님의
계획에 쓰임 받는 큰 도구가 됩니다.
아브라함(12-24장)
아브라함은 하나님의 부르심을 받고
넵!
믿음으로 담대히 나아가 약속의
땅과 자손의 복을 받았습니다.
아브라함은 갈대아 우르에서 이방신을
섬기던 부유한 가정에서 자랐지만
갈대아 우르
하나님의 뜻에 순종함으로 모든
믿는 사람들의 조상이 되었습니다.
이것은 모두 아브라함의 공로가 아닌
하나님의 은혜로 이루어진
것이었습니다.

※예표 : 예언 등을 미리 보여주는 조짐

## 이삭(25-26장)

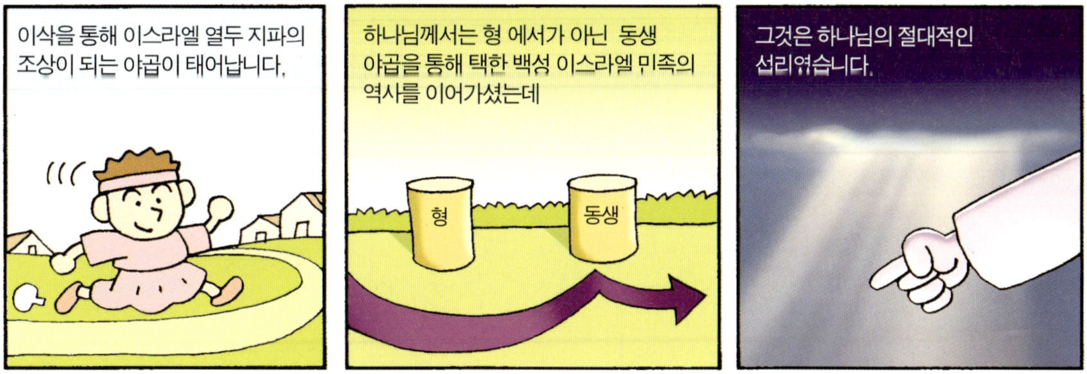


※섭리 : 인간과 세계가 하나님 주권 아래 있다는 신앙 표현

## 야곱(27-36장)

야비하고 이기적인 성격의 야곱은 20여 년의 도피 생활을 통해
결혼도 하고…
하나님의 훈련과 인도하심을 받게 됩니다.
훈
련
하나님은 야곱의 이름을 '이스라엘'로 바꿔주셨어요.
이스라엘은 '하나님과 겨루어 이김' 이라는 뜻이죠
야곱은 이스라엘 열두 지파의 족장이 되는 열두 명의 아들들을 낳았습니다.
(29:31-30:24 ; 35:16-18)
르우벤 시므온 레위 유다 잇사갈 스불론 단 납달리 갓 아셀 요셉 베냐민
이들을 통해 이스라엘 백성들은 더욱 크게 번성하게 되지요.
야곱 당시 지도
하란
유브라데강
지중해
세겜
얍복강
벧엘
예루살렘
브엘세바
요셉(37-50장)
요셉은 야곱의 특별한 사랑을 받으며 자랐습니다.
나만 채색옷을 입었지!
게다가 요셉은 형들의 절을 받는 꿈까지 꿔 형들의 미움을 받아
우리가 네게 절을 한단 말이냐?
17세의 나이에 애굽으로 팔려가는 신세가 되고 맙니다.
은돈 20냥만 받으쇼!

애굽으로 팔려간 요셉은 보디발의
종이 되었는데
애굽 왕 바로의
시위대장
그곳에서도 요셉은 보디발 아내의
모함으로 감옥에 갇히는 신세가 됩니다.
내 말을 들었으면
그런 일이 없었잖아!
하지만 바로의 꿈을 해석해준 것을
계기로 요셉은 애굽의 총리가 됩니다.
요셉이 애굽으로 팔려간 사건은
이스라엘 백성이 애굽으로 이주하게
되는 배경이 되었습니다.
이스라엘
애굽
아브라함, 이삭, 야곱 시대까지는
패밀리가
떴다!
..........!
가족 중심으로 구속사가 이어졌지만
※구속사(救贖史) : 사람을 구원하시려는 하나님의 역사
요셉 사건을 통해 애굽에 정착한
이스라엘 민족은 민족 중심의 구속사를
만들어가게 됩니다.
모든 게 하나님의 계획과
인도하심이었죠!
우연히 팔려간 것 같았던 요셉의
애굽 정착은
훌쩍
택하신 민족을 구원하시기 위한
하나님의 섭리였던 것입니다.
하나님이 생명을
구원하시려고
나를 형님들보다
먼저 보낸 것입니다
요셉의 고난과 영광은 구세주 예수님의
예표이며
믿음의 성도들의 그림자이기도
합니다.
죄
고난
구원
영광

# 히브리 민족의 계보

하나님께서는 아브라함을 믿음의 조상으로 삼으시고 그 후손을 통해 인류의 구원을 약속하셨습니다.
하나님의 언약은 아브라함과 이삭과 야곱을 통해 예수 그리스도를 보내시기까지 신실하게 지켜졌습니다.

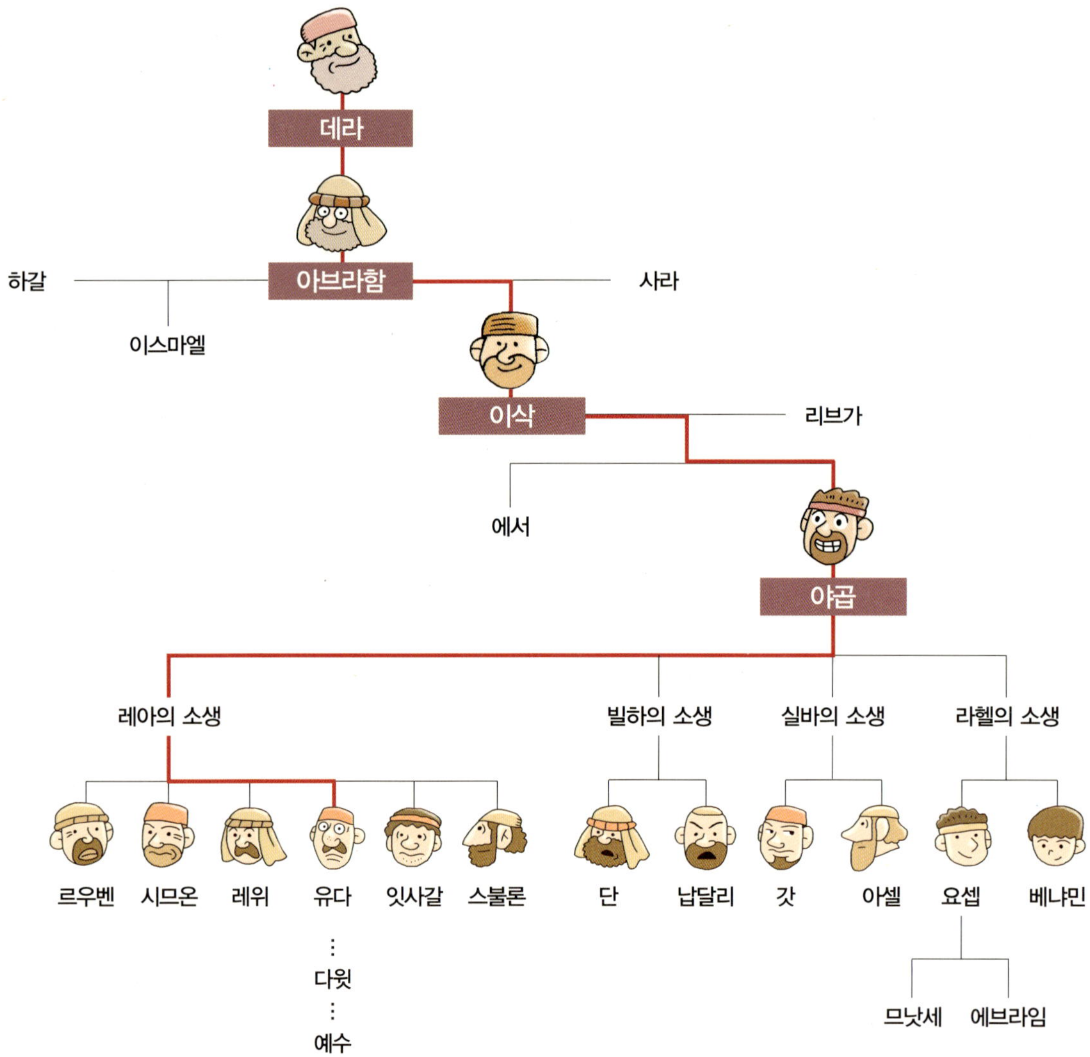

# 출애굽기 EXODUS

**책 이름의 뜻?** | '애굽에서 나가다' 라는 뜻

**누가 썼나요?** | 모세

**언제 썼는가?** | 예수님이 태어나시기 1441~1300년 전 사이

**어떤 책인가?** | 율법서. 이스라엘 민족이 모세의 인도로 애굽의 노예에서 벗어나 가나안을 향해 떠나기까지의 이야기로, 출애굽 할 때의 놀라운 이적과 광야에서 율법을 받는 이야기가 포함되어 있다.

## 약속의 땅 가나안을 향하는 놀라운 여정!

창세기 후반부에서 끝난 이야기는 출애굽기로 이어집니다. 번성한 유대인들은 애굽에서 노예로 고통 받고 있었습니다. 하나님께서는 이스라엘 백성들을 대변해 그들을 자유로 인도할 지도자를 한 사람 세우셨는데, 그가 바로 모세입니다. 출애굽기는 애굽에서 광야를 지나 약속의 땅으로 향하는, 자유를 향한 여정의 기록입니다.

70인역(LXX)은 이 책의 명칭을
'엑소더스' (Exodus)라고 붙였습니다.
'탈출, 출발' 이란 뜻이죠
Exodus
한글성경은 이것을 의역해 '출애굽기'
(애굽을 탈출한 이야기)라고 정했습니다.
출(出)애굽기
야곱의 후손들이 애굽으로 이주한 뒤
400여 년이 흘렀습니다.
야곱도 죽고 요셉도 죽고
이스라엘 백성들은 엄청난 숫자로
불어났습니다.
180명이 왔는데
지금은 200만 명
그때 요셉을 모르는 애굽의 새 왕이
이스라엘 사람들을 핍박했습니다.
무서운 속도로 인구가 늘고 있다고?
전쟁 때 이놈들이 우리 원수랑 손이라도 잡으면?
끔찍하지!
죽도록 일을 시켜서 이스라엘 놈들을 괴롭혀라!
자손도 번창하지 못하도록 막아내!
애굽 왕은 자신의 뜻대로 되지 않자
산파들에게 새로 태어나는
남자아이들을 죽이라고 명령하지만
새로 태어난 남자아이들은 모조리 죽여!
하나님을 두려워 한 산파들의
불복종으로 그마저도 실패합니다.
하나님이 두려워서 못해!
그때 하나님께서 예비하신 이스라엘
백성을 해방시킬 지도자가 태어납니다.
모세
'물에서 건져내다' 라는 뜻
공주의 아들로 자란 모세는 어느 날
동족을 괴롭히는 애굽인을 죽이고는
쿵!
광야로 도망칩니다.
화려했던 애굽 생활은 끝이 났구나

모세의 생애는 40년씩 셋으로 나눌 수 있습니다.
40년 애굽 왕자
40년 미디안 목자
40년 광야 지도자
모세가 미디안 광야에서 목자 생활을 할 때
장인인 이드로 제사장의 양을 치고 있었죠
하나님은 떨기나무 불꽃 가운데서 그를 부르셨습니다.
내 백성들의 부르짖음을 들었다
내가 너를 보내어 이스라엘 자손을 애굽에서 인도해 내리라
나는 스스로 있는 자니라
어떻게 저 같은 사람을…?
하나님의 부르심을 받은 모세는 애굽 왕 바로를 찾아가 이스라엘의 자유를 요구합니다.
하나님께서 내 백성을 보내라 하셨소!
그러나 바로는 더 잔혹하게 괴롭힙니다.
처절한 응징!
퍽!
못 보내!
안 돼!
결국 이스라엘 백성의 출애굽을 거부하던 바로와 애굽 위에 10가지 재앙이 내려집니다.
(7:14-12:30)
하나님의 권능이 나타났도다!
가축의 죽음
우박
이
악성 종기
메뚜기
흑암
피
개구리
파리
장자 죽음

이스라엘 백성들은 징자 죽음의
재앙 속에서도 구원받았습니다.
문설주에 유월절
어린양의
피를 발라라!
이것은 우리 신앙의
근거가 되었죠!
하나님
선민
이스라엘
하나님께서는 애굽을 나온 이스라엘
백성들을 구름 기둥과 불 기둥으로
인도해주셨고(13:21,22)
홍해의 기적을 통해
바닷물이
갈라졌다!
뒤쫓아오던 애굽 군대를 물리쳐
주셨습니다(14:15-31).
하나님의
능력이다!
꽥!
사람
살려!
구르르르
홍해가 갈라진 기적을 통해 이스라엘
백성들은 새로운 믿음을 갖게 되었습니다.
여호와께서
함께하신다!
오늘날 성도들의 신앙과 비교하여
보자면
홍해 사건은 중생의 사건이라고 볼 수
있습니다.
구원
죽음
※중생 : 거듭남, 다시 태어남
하나님은 광야에서 이스라엘
백성들에게 매일 음식을
공급해주셨습니다(16:13-30).
만나
메추라기
만나는 출애굽 1년 2월 15일부터 출애굽
41년 1월 17일까지 계속되었습니다.
우리의
필요를
채워주시는
하나님
만나는 영원한 떡이신
예수 그리스도를 의미합니다.

## 출애굽기의 주요 지명들

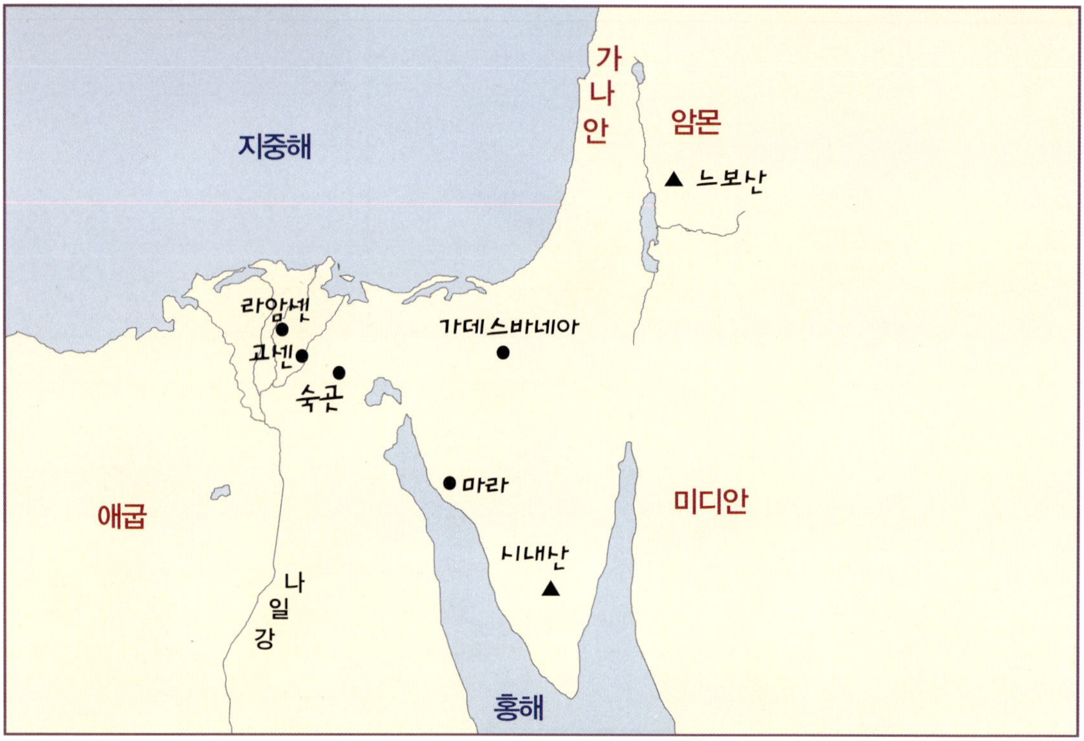
가나안
암몬
지중해
느보산
라암셋
고센
숙곳
가데스바네아
마라
애굽
미디안
시내산
나일강
홍해

모세는 시내산에서 하나님께 율법을 받습니다.
시내산에서의 언약 체결 이후 이스라엘 민족은 선민으로서의 공식적인 첫발을 내딛습니다(19-24장).
이 스 라 엘
하나님의 택한 백성인 이스라엘 민족이 어떻게 신앙생활을 해야 하는지
직진 하세요!
좋은 길
사회생활은 어떻게 해야 하는지 등을 율법으로 정해주신 사건이죠.
돌아 서세요!
언약의 조건으로 받은 율법 조항은 20장과 23장 사이에 잘 나타나 있습니다.
꼭 기억하는 센스!

## 십계명 요약

하나님을 향한 법
사람을 향한 법
1. 나 외에 다른 신들을 두지 말라
2. 우상을 만들지 말라
3. 여호와의 이름을 망령되이 부르지 말라
4. 안식일을 기억하여 거룩히 지키라
5. 네 부모를 공경하라
6. 살인하지 말라
7. 간음하지 말라
8. 도둑질하지 말라
9. 거짓 증거하지 말라
10. 네 이웃의 집을 탐내지 말라
율법은 특성상 셋으로 나누는데
도덕법
시민법
종교의식법
시내산에서 받은 율법을 기본으로 모세오경 전체에서 완성되고 있습니다.
완성!
신명기
민수기
레위기
출애굽기
창세기
성막제도에 관한 규례는 25-31장에 잘 나타나 있습니다.
성막이 무엇이냐 하면…
성막은 가나안 정착 이후의 성전 모습이기도 하며 제사법을 실행하기 위한 공간입니다.
솔로몬 왕 때 성전이 세워지지요
성막은 하나님 임재의 상징이었으며 하나님의 성품을 보여주는 곳입니다.
하나님께서 나타나셨다
할렐루야!
또한 우리와 함께 계시는 예수 그리스도를 예표합니다.
항상 함께 계시는 임마누엘의 하나님

## 성막과 지파

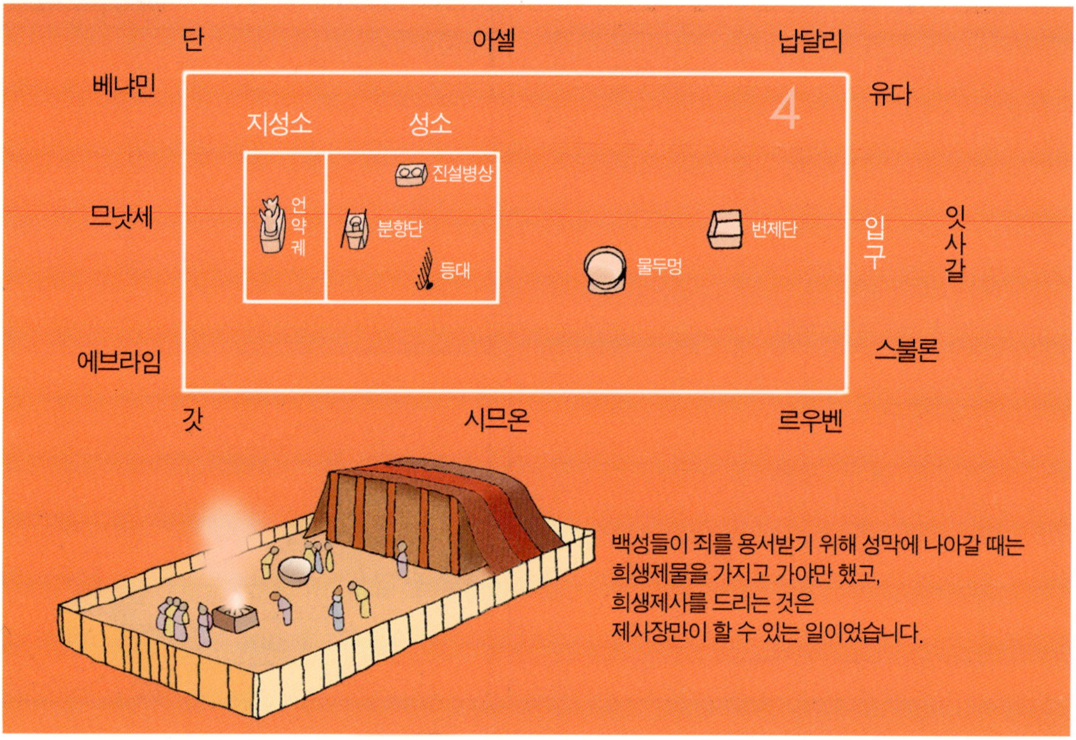

※대속(代贖) : 남의 죄를 대신하여 당하거나 속죄함

# 레위기 LEVITICUS

**책 이름의 뜻?** | 제사장 임무를 맡은 레위 지파의 이름을 딴 것
**누가 썼나요?** | 모세
**언제 썼는가?** | 예수님이 태어나시기 1444년 전 무렵
**어떤 책인가?** | 율법서. 제사장의 지침서로서 이스라엘 백성이 예배드리는 법을 기록한 책으로, 죄를 용서 받기 위한 제물 드리는 방법과 하나님께서 하신 일을 기념하는 명절에 대해 기록했다.

## 구약의 예배 인도자들이 따라야 할 지침서!

출애굽 한 이스라엘 민족은 각각 역할을 배당했는데 제사장 직무는 레위 지파 사람들이 맡았습니다. 레위기는 그 제사장들을 위한 '직무지침서' 라 할만 하며, 질병, 음식, 죄, 희생제사 등에 관한 규례로 가득합니다. 레위기는 규례뿐만 아니라 하나님이 거룩하시다는 것을 가르쳤습니다. 따라서 하나님의 백성들도 하나님을 닮아 거룩해야 합니다.

레위기에는 선민인 이스라엘 민족이
부럽당
하나님과 바른 관계를 수립하는 데 필요한 각종 율법이 수록되어 있습니다.
율법
각종 제사에 관한 율법(1-18장)과
제사법
정결법
속죄일
성결에 관한 율법이 바로 그것입니다. (19-27장)
일반법
제사법
절기법
서원법
동물의 피가 중요한 요소인 제사법은
수난 당하시는 예수 그리스도를 예표합니다.
제사는 다음과 같이 구분할 수 있습니다.
5대 제사
번제
피를 제단 사면에 뿌리고 가죽을 제외한 전체를 불사른다.
제물 : 흠 없는 수소, 숫양 등
소제
번제나 화목제 등을 드릴 때 함께 곡물을 불사른다.
제물 : 고운 곡식 가루, 기름, 무교병 등
화목제
피를 제단 사면에 뿌리고 내장의 기름 등을 단에 불사른다.
제물 : 흠 없는 수소나 암소 등
속죄제
죄를 속하기 위한 희생제사로, 피를 번제단 뿔에 바른 후 밑에 쏟는다.
제물 : 흠 없는 수송아지 등
속건제
배상을 하거나 허물이 있을 때 드리는 제사로 피를 제단 사면에 뿌리고 내장의 기름 등을 불사른다.
제물 : 흠 없는 숫양 등

7대 절기도 예수 그리스도의 구원사역을 예표합니다.
유월절
애굽 종살이에서 구출된 사건을 기념한다.
하나님의 재앙이 우리 집을 넘어갔어
그리스도는 우리에게 유월절 어린양으로 오셨습니다.
예수 어린양 존귀한 이름
무교절
애굽에서 급히 탈출한 날을 기념한다.
누룩 없이 빵을 먹던 날을 기억해요
앙
무교병(누룩 없는 빵)은 그리스도의 상징이랍니다!
초실절
(맥추절, 칠칠절)
보리 추수의 첫 소산을 바치기 위한 절기이다.
첫 열매는 그리스도의 대표적인 첫 부활을 상징합니다.
오순절
밀 추수의 첫 소산을 드리는 절기이다.
오순절에 성령이 교회에 임했습니다.
나팔절
안식달인 일곱 번째 달을 드리는 절기이다.
나팔을 부는 것은 예수님의 재림과 관련 있습니다.
대속죄일
제사장과 백성의 죄를 해마다 속하는 절기이다.
완전한 속죄는 그리스도의 십자가에서 이루어집니다.
초막절
(수장절, 장막절)
광야 생활 중에서도 하나님께서 보호해주심을 기억하는 절기이다.
레위기에서 가장 많이 등장하는 단어는 '거룩' 입니다.
가장 핵심적인 단어예요!
이것은 오늘 우리에게도 동일하게 주시는 말씀입니다.
내가 거룩하니 너희도 거룩할지어다
(11:45)

# 민수기 NUMBERS

**책 이름의 뜻?** | '민수기'(Numbers)는 '숫자'라는 뜻으로, 민수기 1-3장, 26장의 인구조사에서 유래한 용어

**누가 썼나요?** | 모세

**언제 썼는가?** | 예수님이 태어나시기 1450~1410년 전 무렵

**어떤 책인가?** | 율법서. 이스라엘 민족의 인구 조사 기록. 가나안에 가까이 갔지만, 여호수아와 갈렙을 뺀 믿음 없는 정탐꾼 10명의 말을 듣고 불평하며 40년간 광야를 헤매게 된 이야기이다.

## 사실과 사건들과 숫자로 이루어진 책!

민수기는 인간의 실패에 관한 책이라고 할 수 있습니다. 이 책에는 인간의 어리석음, 경솔한 행동, 판단력 결여, 서투른 선택, 구태의연한 죄악 등을 선보인 인물들이 북적거리고 있습니다. 이스라엘 백성들은 하나님께서 보여주셨던 수많은 이적과 약속을 잊어버리고 눈앞의 위기에 급급해 하나님을 의심하기에 이릅니다.

민수기에는 출애굽 1세대들이
하나님께 불순종함으로
12명의
가나안 정탐꾼
모두 멸망당하는 내용과
우리는 이길 수 없어 10명
우리는 이길 수 있어! 2명
광야에서 성장한 신세대들만
이 약속의 기업을 받게 된다는
사실이 기록되어 있습니다.
가나안
가데스 바네아 반역 사건은 여호수아와
갈렙을 제외한
우린 들어갈 수 없을 거야! 애굽으로 돌아가자!
20세 이상 된 출애굽 1세대의
전멸을 가져왔습니다.
그 결과 가나안 정복은 38년이나 지체
되었고
신세대가 성장한 후에야 가나안 정복이
가능했습니다.
이제는 할 수 있지!
그래서 민수기는 이렇게 교훈하고
있습니다.
선조들의 불신앙을 반복하지 말라!
민수기에도 그리스도의 모형이 자주 나타나요!
먼저 모세가 장대에 매단 놋뱀을
들 수 있어요.
쳐다보면 살리라 (21:8)
놋뱀이 그리스도의 모형이라는 사실은
요한복음에 잘 나타나 있습니다.
모세가 광야에서 뱀을 든
것같이 인자도 들려야 하리니
(요 3:14)

그때 백성들은 두 가지 죄를 범했습니다.
하나님께 대항
모세에게 대항
그들은 불뱀에 물려 죽어가고 있었습니다.
으악!
살려줘!
그러나 하나님의 은혜로 그들은 살아났습니다.
쳐다본즉 살리라
그들이 목숨을 구하며 치른 값은 없었습니다.
그저 바라보기만 했을 뿐…
구원은 믿음으로 그리스도를 바라볼 때 받게 되는 것입니다.
당시 이스라엘 민족에게는 경찰이 없었습니다.
사고로 사람을 죽였다
헉
가족들이 복수할 텐데…
율법에도 나와 있으니…
으…
실수였다는 걸 증명하기도 전에 그들이 나를 죽일 수도 있는데… 어떡하지…?
헥헥
그래서 하나님은 도피성을 마련해 주셨습니다.
장로들이 공정한 재판을 할 때까지 피신하는 거지
도피성 역시 그리스도의 훌륭한 모형입니다.
민수기의 핵심적인 메시지는 14장에 잘 나타나 있습니다.
믿음으로 약속의 땅에 들어갈 것이냐?
세상에서 방황하다가 죽음의 심판을 받을 것이냐?
선택은 우리에게 달려 있습니다!

# 신명기 DEUTERONOMY

**책 이름의 뜻?** | '두 번째 율법' 이라는 뜻

**누가 썼나요?** | 모세(뒷부분 일부는 여호수아가 기록했을 것으로 추정)

**언제 썼는가?** | 예수님이 태어나시기 1450년 전 무렵

**어떤 책인가?** | 율법서. 광야에서 새로 태어난 새로운 세대에게 남긴 모세의 유언과 같은 이야기로, 하나님께서 베푸셨던 놀라운 일들과 하나님이 원하시는 헌신을 잊지 말라고 강조한다.

## 약속의 땅을 바라보며 들려주는 모세의 고별 설교!

마침내 이스라엘은 다시 가나안 접경에 도달했습니다. 모세는 자기가 약속의 땅에 들어가지 못하리라는 것을 잘 알고 있었습니다. 그러므로 그는 백성들을 떠나 하나님 곁으로 가기 전, 백성들에게 하나님의 약속과 율법을 단단히 일러두지 않을 수 없었습니다. 이처럼 모세의 마지막 유언이 신명기의 대부분을 차지하고 있습니다.

모세는 먼저 40년 간의 과거를 회고합니다(1:1-4:43).
기억하지?
애굽
홍해
광야
이스라엘은 하나님께서 택하신 민족이며, 하나님께서는 이스라엘 백성의 모든 필요를 채워주신 분이십니다.
뽑혔다
따라서 하나님께 순종하고 그분을 경외하는 것은 너무나 당연합니다!
당근이죠
경외
두 번째 설교에서는(4:44-26:19)
잘 들으시오
율법의 의미를 다시 해석해줌으로써
쉽게 설명해주지
율법
하나님께서 원하시는 순종이 무엇인지를 알려주고 있습니다.
아하, 그렇구나!
우리 맘대로 하는 게 아니었어!
세 번째 설교에서는(27-30장)
결론적인 내용이죠!
신세대들도 언약의 체결자라고 말하고 있습니다.
우리도?
나도?
그들은 부모 세대들이 받았던 시내산 언약을 그저 물려받은 것이 아니라
갱신된 언약을 통해 언약의 참여자가 되었다고 강조합니다.
모압 땅에서 세우신 언약
율법 준수에 따라 복과 저주가 결정된다는 권면은(27,28장)
신명기뿐 아니라 모세오경 전체의 결론이라고도 할 수 있습니다.
…!

출애굽의 위대한 지도자 모세는
드디어 세상을 떠나고
흑
느보산
가나안 땅에 들어가지 못하고…
새로운 지도자 여호수아가 등장합니다.
(31-34장)
일꾼은 바뀌었지만 하나님께서는
그분의 일을 계속 이루어가십니다.
소명
출애굽기, 레위기, 민수기가 제사장과
레위인을 위한 책이라면
신명기는 모든 사람을 위한 책이라고
할 수 있습니다.
신명기
모세오경의 다른 책들처럼 율법이 많이
언급되지만
율 법 율 법 !
얍
얍
율법과 백성들의 삶의 연결고리가 가장
많이 나타나는 책이 신명기입니다.
율법
신명기
삶
특별히 신명기에는 '사랑'이라는
단어가 많이 등장합니다.
사랑
또한 '마음'이라는 단어도 자주
언급됩니다.
마음
사랑과 마음!
즉, 약속의 땅에서 행복을 누리려면
가나안
마음을 다해 하나님과 하나님의 말씀을
사랑해야 한다는 것입니다.
아멘!
네 하나님 여호와를 사랑하고
그의 말씀을 청종하며
또 그를 의지하라
그는 네 생명이시요
네 장수이시니 여호와께서
네 조상 아브라함과
이삭과 야곱에게 주리라고
맹세하신 땅에 네가 거주하리라
(신 30:20)

# 여호수아서 JOSHUA

**책 이름의 뜻?** | 모세의 후계자 여호수아의 이름에서 딴 것

**누가 썼나요?** | 여호수아

**언제 썼는가?** | 예수님이 태어나시기 1370년 전 무렵

**어떤 책인가?** | 역사서. 이스라엘 백성이 그들 원래 고향인 가나안 땅으로 돌아가 그곳에 살고 있던 사람들을 몰아내기 위해 전쟁을 하고 고향 땅을 되찾는 이야기이다.

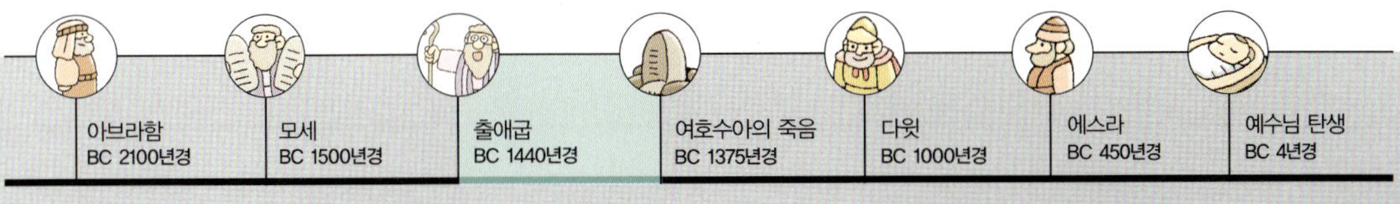

## 모세의 후계자 여호수아의 가나안 땅 정복 이야기!

모세의 후계자 여호수아가 이스라엘을 이끌고 그들의 본래 고향이었던 가나안 땅을 정복합니다. 이스라엘 백성들이 하나님의 힘을 의지하고 그 명령에 순종했을 때, 그들은 전쟁에서 승리할 수 있었습니다. 그 후 이스라엘 각 지파들은 제비뽑기를 통해 가나안 땅을 분배합니다.

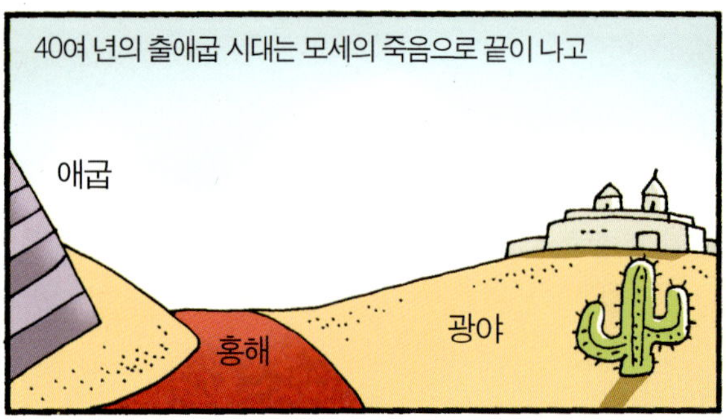

당시 가나안은 중앙통치가
이뤄지지 않는
내
맘
대
로
독립국가 형태였습니다.
각
나라마다
왕이
따로 있었죠
아직 결속력이 약한 가나안은
이스라엘이 정복하기에
좋은 조건이었습니다.
번뜩!
우리의 밥이다!
그러나 40년 광야생활을 거친
이스라엘에 비하면
지저분~
가나안은 문화, 물질, 기술적으로
월등히 발달된 국가였습니다.
번쩍
번쩍
또한 이방 종교가 뿌리 깊이 자리 잡고
있었습니다.
복 주세요!
하나님께서는 이스라엘 백성들이 가나안의
이방 문화와 종교에 물들 것을 막으시고자
모든 가나안 사람들을 몰아낼
것을 명령하셨습니다.
깡그리!
여호수아서의 전반부는 가나안
정복에 관한 기록입니다(1-12장).
정복
정복
기생 라합은 여리고 정탐꾼을
도와줌으로 구원받게 되죠(2:1-24).
여리고
공격 때
붉은
줄을!
그녀는 목숨을 걸고 이스라엘 편을
선택해 그리스도의 조상이 되는
영광을 얻습니다.
살몬과
결혼해
보아스를
낳죠!
이스라엘 백성들은 드디어 가나안으로
진입합니다(3장).
요단강을
건너…

첫 번째 정복 목표는 여리고 성이었습니다(6장).
나팔을 불며 성 주위를 돌아라!
가나안 중부 지역인 여리고 성의 공격은 전국을 양분하는 효과가 있었습니다.
여리고
라합 가족은 구원받았죠
아간의 범죄로 인해 아이성 정복의 실패를 경험했지만(7장)
노략한 물건을 땅 속에 감춰두다니!
실패
회개한 후 심기일전한 이스라엘은 남부 및 북부 지역까지 순식간에 정복합니다.
살려주삼!
남
북
여호수아서 중반부는 각 지파별 영토 분할에 관한 기록입니다(13-21장).
나도 노쇠했으니 각 지파별로 땅을 나누어 다스리자

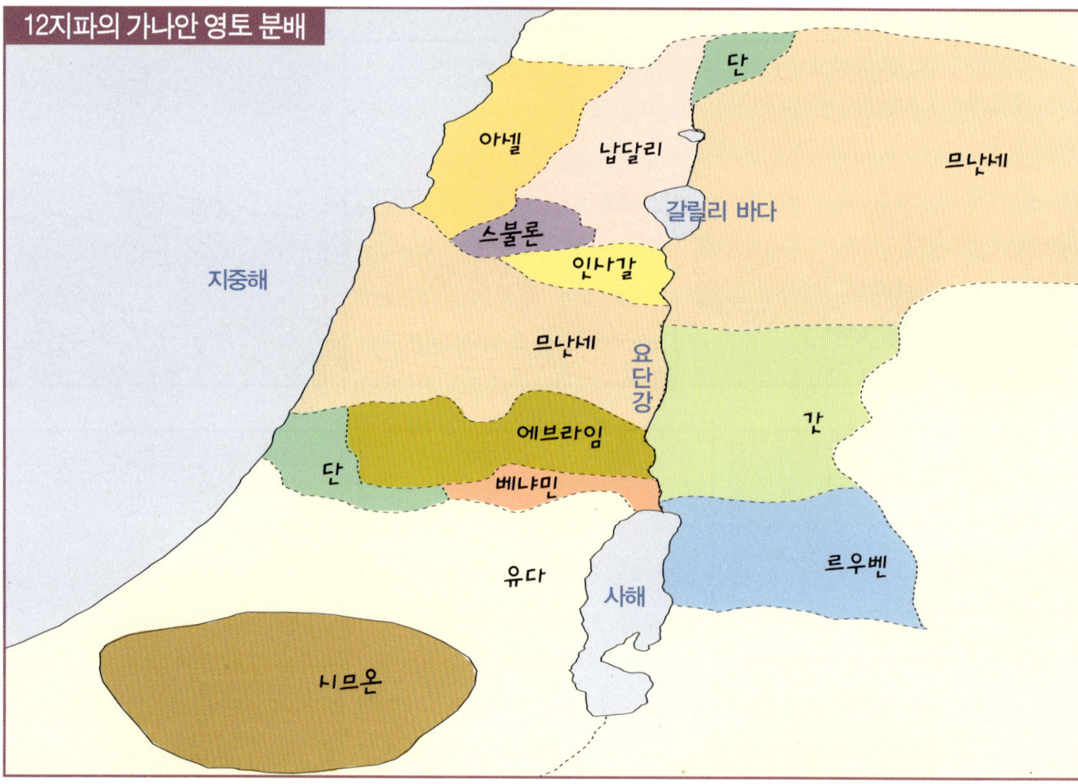
12지파의 가나안 영토 분배
단
아셀
납달리
므낫세
갈릴리 바다
스불론
인나갈
지중해
므낫세
요단강
에브라임
갓
단
베냐민
유다
사해
르우벤
시므온

여호수아가 아홉 지파와 반 지파에게 가나안 땅을 분배하고 있을 때
불만 없죠?
넷!
갈렙이 여호수아에게 요청합니다(14:6-15).
모세가 나에게 주기로 약속한 기업을 주십시오!
갈렙은 45년 전 가나안 땅 정탐을 다녀온 뒤 약속을 받았습니다.
모세
헤브론을 갈렙의 기업으로…
갈렙은 자기 욕심으로 헤브론을 요청한 것이 아니었습니다. 강성한 가나안 족속이 차지하고 있던 헤브론을 속히 점령하겠다는 의도였습니다.
두려워 말고 공격합니다!
당시 갈렙의 나이 85세였으니 굉장한 용기와 믿음의 사람임을 증거한 순간이었어요!
각 지파에 대한 기업 분배가 끝날 즈음 기업 분배에서 제외되었던 레위지파가 말했습니다(21:1-14).
우리에게도 성읍을 주십시오
그것은 하나님께서 모세에게 지시하신 내용을 근거로 하는 요구였습니다.
(민 35:2)
레위인에게 거주할 성읍을 주어라
결국 레위지파는 48개 성읍을 얻게 됩니다.
전국에 분포된 땅이라
흩어져 살게 됩니다
여호수아서 후반부에는 죽음을 앞둔 여호수아의 권면의 말이 기록되어 있습니다.
(22-24장)
여호수아는 하나님의 구원 역사를 상기시키며
꼭 기억하시오!
신실하신 하나님께 순종하는 삶을 살 것을 간곡히 권면합니다.
옛 썰!
순종

# 사사기 JUDGES

**책 이름의 뜻?** | 이스라엘 왕이 있기 전 지도자인 '사사'의 이름에서 딴 것

**누가 썼나요?** | 정확히 모름. 사무엘이라고도 함

**언제 썼는가?** | 정확히 모름

**어떤 책인가?** | 하나님께서 곤경에 빠진 이스라엘 백성들을 사사들을 통해 구원하신 이야기. 자기들이 하고 싶은 대로 살았기에 시작부터 끝까지 불순종하고 죄를 짓는 이야기가 반복된다.

## 죄악과 은혜의 순환 시대!

사사 시대는 순종과 거역, 삶과 죽음이 반복되는 순환의 시대였습니다. 지도자를 잃은 이스라엘 백성들은 하나님을 떠나 타락했고, 그럴 때마다 주변 민족들에게 가혹한 시련을 겪었습니다. 백성들은 더 이상 견딜 수 없을 즈음 하나님을 찾았고, 하나님은 그럴 때마다 '사사' 라 불리는 지도자들을 세워 이스라엘 백성들을 위기에서 구출해주셨습니다.

이때 등장한 지도자들이 바로
사사입니다.
사사들은 사울 왕이 등장할 때까지
300여 년간 활동합니다.
그러나 사사체제 하에서 이스라엘
백성들은 정체성을 상실하고 맙니다.
하나님이
누구시더라?
가나안 족속의 완전 정복에 실패하여 그들에게 기습적인 약탈을 당하기도 하고
띵
심판의 도구
꽥!
하나님에 대한 믿음도 약해졌습니다.
불신
이스라엘 민족의 운명이 바람 앞의
촛불처럼 하나님의 은혜로 근근이
이어지던 시대였습니다.
다람쥐 쳇바퀴처럼 반복되며
범죄
징계
구원
회개
계속되는 이스라엘의 범죄에도
하나님은 은혜의 끈을 놓지
않으셨습니다.
지금
우리의
모습과 비슷
하다…
사사들의 행적은 3장부터 나타납니다.
옷니엘
에훗
삼갈
하나님은 여선지 드보라를 통해 시스라
군대를 멸하시고(4장)
무셔
독종
헤벨의 아내 야엘을 통해 적장 시스라를
제거하게 하셨습니다.
몸에
말뚝을
박아 죽였어!
남자보다
용감한
부인이었네요!

사사 기드온은 소심한
청년 농사꾼에 불과했지만(6-8장)
하나님께 소명을 받은 뒤 위대한
통치자가 되었습니다.
300명으로
미디안을 격파!
블레셋의 40년 압제 후에 삼손이
태어났습니다(13장).
나실인
나실인은 '구별된 자'라는 뜻으로 하나님께 봉사하고 헌신하기 위해 특별히
구별된 자를 의미합니다.
하나님만
섬겨야 해
너는
특별하단다!
나실인들이 지켜야 할 것으로 사사기는
3가지를 강조하고 있습니다(13:4,5).
포도주나
술을
마시지 말 것
머리에 삭도를 대지 말 것
이발 금지
시체와 같은 율법이 정한 부정한
것들을 가까이 하지 말 것
오지 마라!
나실인은 세상과 구별된 존재라는
것을 깨닫고
세상
사랑하지
마세요
하나님 앞에서 온전한 삶을 살라는
의미입니다.
우리도
나실인이
맞구나
삼손은 성령의 감동을 통해
(13:25 ; 14:6 ; 15:14)
파워!
엄청난 힘을 얻고 활동한 특별한
사사였습니다.
한방이면
끝난다!
블레셋인들

※삭도 : 머리털을 깎는 칼

그러나 삼손은 정욕을 이겨내지
못한다는 약점이 있었습니다.
난
여자가
좋아~
결국 그는 하나님의 사명도 잊어버리고
뻥
블레셋 사람들의 노리개가 되고 맙니다.
두 눈을
뽑힌 채…
마지막 순간, 회개하며 하나님의 긍휼을 간구하는 삼손에게 하나님께서
함께하셨습니다(16장).
끼야아악!
수천 명의
블레셋
사람들이
한꺼번에
죽었어!
자칫 저주받은 사사로 끝날 뻔했던 삼손,
그러나 하나님은 그를 기억하셨어요.
…
하나님의 용서와 회복을
통해 그는 승리의 최후를
맞게 되었어요
사사 시대 때는 여호수아 시대가
누린 승리와 영광을 잃어버렸습니다.
월계수
타락과 실패의 연속이었지요.
띵
그러나 죄의 악순환을 계속하는 이스
라엘 백성들에게
죄
죄
죄
죄
죄
다람쥐
쳇바퀴
하나님께서는 끝없는 용서와 사랑을
보여주셨습니다.
LOVE
사사 시대의 어리석은 모습을 기억합시다.
그때에 이스라엘에 왕이
없으므로 사람이
각기 자기의 소견에 옳은 대로
행하였더라
(21:25)

# 룻기 RUTH

**책 이름의 뜻?** | 이방 여인 '룻'의 이름에서 딴 것
**누가 썼나요?** | 정확히 모름
**언제 썼는가?** | 예수님이 태어나시기 1375~1050년 전 사이
**어떤 책인가?** | 역사서. 시어머니 나오미가 섬기는 하나님을 믿기로 결심하고 베들레헴에 온 이방 여인 룻의 이야기. 보아스와 결혼해 예수님의 조상이 된다.

## 이방 여인에서 예수님의 조상이 된 룻의 신분상승 이야기!

룻이 모압 땅과 모압 신을 버리고 시어머니를 따라옵니다. 이스라엘 하나님 여호와를 택한 룻에게 기업 무를 자 보아스를 만나도록 하나님께서 인도해주시지요. 룻은 하나님의 구원제도인 기업 무르는 제도를 통해 구원을 받고, 룻과 보아스 사이에서 다윗의 조부인 오벳이 태어납니다.

엘리멜렉과 나오미 부부는 고향을 떠나
베들레헴
모압 땅으로 이주하게 되었는데
먹을 것을 찾아서 왔는데 남편이 죽고 말았네! 흑흑
여보!
룻기의 주요 지명
지중해
갈릴리
요단강
모압
(룻의 이동로)
예루살렘
베들레헴
사해
그곳에서 두 명의 며느리를 보게 됩니다.
말론
오르바
우리 가족
룻
기룐
그런데 남편에 이어 두 아들마저 세상을 떠나고 나오미와 두 며느리만 남게 됩니다.
우째
이런 일이?
나는 이제 이스라엘로 돌아가려고 하니 너희들도 고향으로 가서 재혼해 살도록 해라
그래서 오르바는 자기 고향으로 돌아가나
안녕히… 저는 가요
룻은 나오미를 따라가기로 결심합니다. (1:15-17)
어머니의 하나님이 나의 하나님이 될 것입니다!
이 결단은 시어머니에 대한 사랑 때문만은 아니었습니다.
나오미를 통해 발견한 하나님 때문에 내린 결단이었습니다.
나도 하나님을 섬기겠어요!

이어서 룻기는 시어머니를 섬기는 룻의 헌신을 자세히 묘사하고 있습니다(1:19-2:23).
룻
현숙한 여인이야!
시어머니를 모시기 위해 하루 종일 열심히 일하더라고…
그러던 중 룻은 보아스를 만나게 됩니다.
베들레헴의 유지 보아스야
서로에게 좋은 감정을 가진 두 사람은 결혼이 가능한 친족임이 밝혀지고
!
나오미는 두 사람을 결혼시키기 위해 계획을 세웁니다(3:1-5).
그의 침상 발치 부분에 누우라
룻과 보아스의 결혼 추진은 '고엘 제도'에 근거한 것이었습니다.
히브리어 '고엘'은 '기업 무를 자'라는 뜻이죠
고엘 제도는 친족들이 지켜야 할 권리와 의무에 관한 제도입니다.
권리
의무
가난한 형제가 빚 때문에 팔려 가면 가까운 형제가 대신 갚아주고 (레 25:47-55)
친척이 살해당하면 가까운 친척이 피의 보복을 할 수 있는 제도입니다. (민 35:19)
너도 죽어라!
또한 형제가 자식이 없이 죽으면 가까운 형제 순으로 미망인과 결혼을 해서 자손을 이어야 했습니다.
돌볼 책임!
그렇게 해서 보아스와 룻은 결혼을 하게 됩니다.
딴따따다~

룻은 이방인 출신의 보잘것없는 과부였지만
그의 믿음과 헌신을 통해 좋은 남편과 자식까지 얻게 됩니다.
뿐만 아니라 룻과 보아스를 통해 다윗의 할아버지인 오벳이 태어나고
룻
보아스
오벳
다윗의 자손으로 구세주 예수 그리스도가 태어나는 놀라운 복을 받기에 이릅니다.
룻
보아스
→ 오벳 → 이새 → 다윗 → 솔로몬 …… 예수 그리스도
룻기는 단순한 결혼 이야기가 아니에요
타락한 시대였음에도 불구하고 믿음의 여인을 선택하셔서
죄
하나님의 구속사를 이어나가신 놀라운 은혜의 기록입니다.
구속사
영적으로 무지했던 이방 여인 룻이
이방
우물 안 개구리
시어머니의 하나님을 자신의 하나님으로 믿고 결국 믿음의 조상이 된 것은
이방신
하나님
선택!
영적으로 죄인 되었던 자들이
죽었다!
주님을 믿음으로 변화되어 생명을 얻게 된 우리의 모습이기도 합니다.
살았다!

# 사무엘상 1 SAMUEL

**책 이름의 뜻?** | 이스라엘의 마지막 사사 겸 제사장이었던 '사무엘'의 이름에서 딴 것

**누가 썼나요?** | 대부분 사무엘이 기록함

**언제 썼는가?** | 정확하지는 않지만 다윗 시대에 기록한 것으로 추측함

**어떤 책인가?** | 역사서. 이스라엘의 사사이자 제사장으로서 경건한 사무엘과, 사무엘이 기름 부어 왕이 되었지만 점점 죄의 길로 빠진 이스라엘 첫 번째 왕 사울의 이야기이다. 다윗도 등장한다.

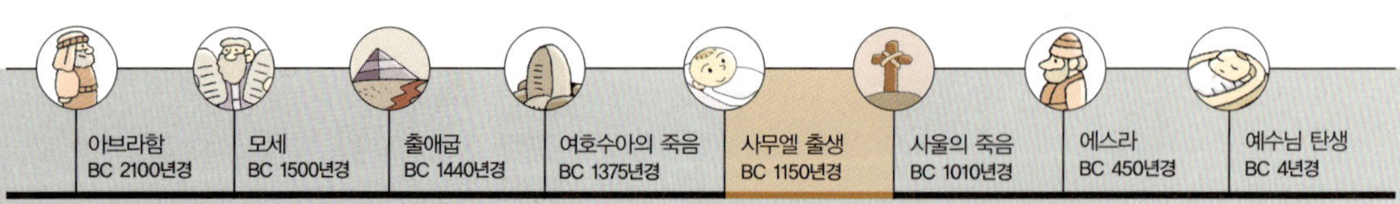

## 마지막 사사 사무엘, 첫 번째 왕 사울, 위대한 왕 다윗의 이야기!

이스라엘의 정치 형태가 '신정'(神政)에서 '왕정'(王政)으로 바뀌는 시대의 이야기입니다. 이스라엘 백성들은 주변의 다른 국가들처럼 왕이 다스리기를 원했고, 마침내 하나님께서 왕정을 허락하셨습니다. 이 책에는 최후의 사사 사무엘, 왕정 시대를 연 사울과 그의 비참한 최후, 다윗의 40년 통치와 범죄, 그리고 하나님의 용서가 그려집니다.

여호와의 말씀이 희귀하여 이상이 보이지 않던 그때
타락
신앙 퇴조
하나님께서는 구속사역을 이어가시기 위해 사무엘을 예비하셨습니다.
하나님!
아들이 없는 한나
아들을 주시면 그를 나실인으로 바치겠나이다
취했니?
엘리
사무엘은 그렇게 나실인으로 태어났고(1:19-28)
제사장 엘리 밑에서 자라게 되죠
하나님의 부르심을 받았습니다. (3:1-9)
사무엘아!
네!
사무엘은 타락한 시대 상황을 개혁할 소명을 받은 것입니다.
선지자
제사장
사사
동시에 받음
빼앗긴 법궤를 찾아오고 블레셋은 물러났으며
이스라엘은 영적으로 안정되기 시작했습니다(7:3-17).
태평
성대
그러나 사무엘이 노쇠하고 그의 아들들의 타락이 계속되자
으흐흐
죄
백성들은 왕을 요구합니다.
우리도 왕이 있었으면 좋겠어!
왕이 있는 다른 나라가 더 좋아 보여!
그렇게 해서 이스라엘의 첫 번째 왕으로 사울이 세워지게 됩니다.
와아
굴
사울은 신정의 기반에서 왕정 구축이라는 소명을 받은 것입니다.
왕정
신정(神政)

초기의 사울은 훌륭한 통치자였습니다
성령이 함께하심
그러나 그는 변질되고 말았습니다.
하나님보다 내가 앞서간다
교만
제사장만이 드릴 수 있는 제사를 직접 드리고(13:8-15)
사무엘을 못 기다리겠어
하나님을 위한답시고 형식적으로 단을 쌓기도 했습니다(14:33-35).
내 맘대로!
교만해진 사울은 폐위 선언을 듣게 됩니다.
비켜!
윽
왕
순종이 제사보다 낫고 듣는 것이 숫양의 기름보다 나으니
(15:22)
다윗은 베들레헴 출신의 목동이었지만
하나님의 마음에 합한 자였습니다.
(13:14)
마음에 쏙 든다
다윗은 하나님의 지시를 받은 사무엘에 의해 기름 부음을 받습니다.
(16:6-13)
사명을 주노라
그는 20여 년을 기다린 끝에 새로운 왕이 되었고(삼하 2:4)
7년 6개월을 더 기다린 뒤에 이스라엘 전체의 왕이 됩니다(삼하 5:5).
왕
북
남
다윗은 사울 왕의 궁중악사로 일하기도 했습니다(16:14-23).
기분이 상쾌하도다

블레셋은 오랫동안 이스라엘을
괴롭히던 민족이었습니다.
스트레스다
사무엘과 사울에 의해 크게 약해졌던
그들은
다시 복수 해주겠다
사무엘과 사울의 문제로 이스라엘이
약화되자 다시 침공하기 시작했습니다.
한번 붙어보자!
그러나 블레셋 장군 골리앗은 소년 다윗에게 쓰러지고 맙니다(17:41-54).
키 : 약 3m
갑옷 : 57kg
창날 : 약 7kg
하나님의 이름으로 승리했노라!
이 일을 계기로 다윗이 백성들에게
큰 신임을 얻자
다윗 짱!
다윗 짱!
사울은 다윗을 죽이려고 했고 다윗은
도피자의 삶을 살게 됩니다.
……
여기 다윗 없다
사울의 추격을 받던 중 다윗은
사울을 죽일 수도 있던 상황에서
자비를 베풉니다.
결국 사울은 길보아 전투에서
세 아들과 함께 최후를 맞이합니다.
하나님은 모든 성도들이 하나님을
중심으로
주님만이 영광!
하나님의 왕국을 이루며 살기를
원하십니다.
하나님께서 다스리시는…
우리가 할 일은 주님의 요구에
순종하는 것입니다.
말씀 대로!
아멘

# 사무엘하 2 SAMUEL

**책 이름의 뜻?** | 사무엘상에서 이어지는 이야기

**누가 썼나요?** | 정확하지는 않지만 나단 선지자와 갓 선지자의 글이 포함됨

**언제 썼는가?** | 예수님이 태어나시기 930년 전 무렵, 다윗의 통치기

**어떤 책인가?** | 역사서. 다윗이 40년간 이스라엘을 다스린 이야기. 하나님이 보시기에 기뻐하는 사람이면서도 욕심에 눈이 멀어 죄를 짓고, 갓 낳은 아들이 죽거나 아들에게 쫓기기도 했다.

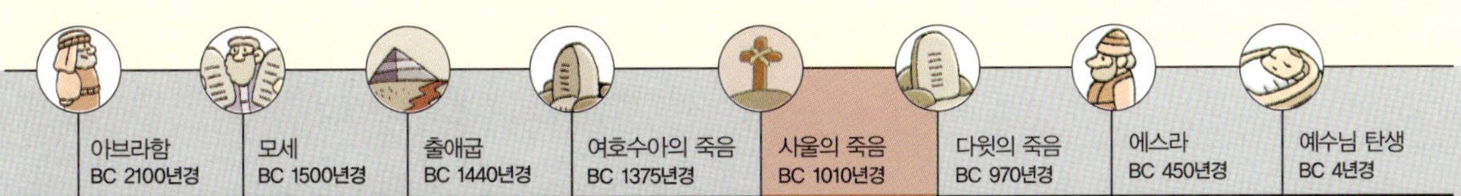

## 다윗의 위대한 업적과 죄악의 그림자!

사무엘하는 사무엘상 기사의 연속입니다. 사무엘하는 다윗이 왕으로 등극하는 장면으로 시작되고 있습니다. 다윗은 매우 흥미로운 인물이었습니다. 성경에서 예수 그리스도 다음으로 가장 많이 거론되는 인물을 꼽으라면 단연 다윗입니다. 다윗이 위대한 인물이었다는 데는 의심의 여지가 없지만, 그는 결코 완벽하지는 않았습니다.

그것은 사무엘에 의해 기름 부음 받은 지 20여 년 만에 이뤄진 일이었습니다.
하나님의 연단
다윗은 하나님의 임재를 상징하는 법궤를
이 나라의 진정한 통치자는 오직 하나님이셔!
이스라엘의 중심지인 다윗 성으로 옮겨옵니다(6장).
기쁨의 춤을 추자
체통도 없지!
미갈
기뻐하는 다윗을 책망했던 미갈은 평생 자식을 얻지 못했습니다. (6:16-23)
사울의 딸이며 다윗의 아내인 미갈
교만
다윗은 하나님을 위한 성전을 건축하고 싶어 했습니다(7:1-3).
나는 호화로운 궁전에 살고 있는데
하나님의 언약궤가 장막에 있다니, 이건 잘못된 일이야
그러나 하나님께서는 나단 선지자를 통해 거절하시고
하나님은 집에 살지 아니하셨소!
대신 다윗 언약을 체결하십니다(7:4-16).
언약
하나님께서 다윗을 통해 복을 주시겠다는 약속이지요
다윗 가문의 영원한 왕권 보장과
다윗의 후손을 통해 성전을 건축하도록 하시겠다는 내용입니다.
후손
예수
이는 영적 이스라엘에 대한 영원한 왕권을 나타내실 것이라는 의미입니다.
王
사무엘하 후반부에는 다윗의 시련이 묘사됩니다.
간음
징계
살인

이스라엘 군대가 암몬의 수도 랍바를 점령하기 직전
나는 예루살렘에 남아 있었죠
다윗은 우리아의 아내 밧세바를 범하고
띠용
아름다운 여인이 목욕을…?
자신의 죄를 은폐하기 위해 우리아를 죽게 합니다(11장).
간음에 살인까지?
이것은 개인이 저지른 단순한 도덕적 잘못이 아니었습니다.
신정국가의 대표자인 왕이 범죄를?
하나님 앞에서 범죄를?
나단 선지자는 비유를 통해 다윗을 책망했고
버럭
당신이 그런 나쁜 사람이라!
다윗은 즉시 회개했습니다(12장).
잘못했어요
엉엉!
하지만 그는 수많은 시련을 겪게 됩니다.
아이의 죽음
장남이 누이동생을 추행
압살롬의 반란
도피
다윗은 위대한 왕이었지만 완전한 사람은 아니었습니다.
삐그덕
이는 인간 왕의 불충분함을 보여주며 영적인 이스라엘인 우리 믿음의 성도들을 위해선
사람이 아닌 완전한 통치자
GOD
예수 그리스도가 필요하다는 것을 보여주는 사건입니다.

# 열왕기상 I KINGS

**책 이름의 뜻?** | 분열된 북 이스라엘과 남 유다의 여러 왕들의 이야기란 뜻

**누가 썼나요?** | 정확하지는 않으며 여러 사람의 글을 모은 것

**언제 썼는가?** | 정확히 모름

**어떤 책인가?** | 역사서. 솔로몬이 지혜롭게 이스라엘을 다스리고, 솔로몬이 죽은 후 남 유다와 북 이스라엘로 나뉜 이야기. 기도로 바알과 아세라 선지자 850명을 이긴 엘리야 이야기도 나온다.

| 아브라함 | 모세 | 가나안 정복 | 다윗 | 솔로몬 | 왕국 분열 | 엘리야 | 에스라 | 예수님 탄생 |
|---|---|---|---|---|---|---|---|---|
| BC 2100년경 | BC 1500년경 | BC 1400년경 | BC 1010년경 | BC 970년경 | BC 931년경 | BC 853년경 | BC 450년경 | BC 4년경 |

## 솔로몬과 분열 왕국 이야기!

열왕기상은 이스라엘의 왕 다윗의 죽음과 더불어 시작됩니다. 다윗은 죽기 전, 자기 아들 가운데 하나를 후계자로 지명했습니다. 그 사람이 바로 솔로몬이었습니다. 열왕기상 전반부는 왕국을 견고하게 키워나갔던 솔로몬의 치세를, 후반부는 솔로몬 사후의 문제를 다룹니다.

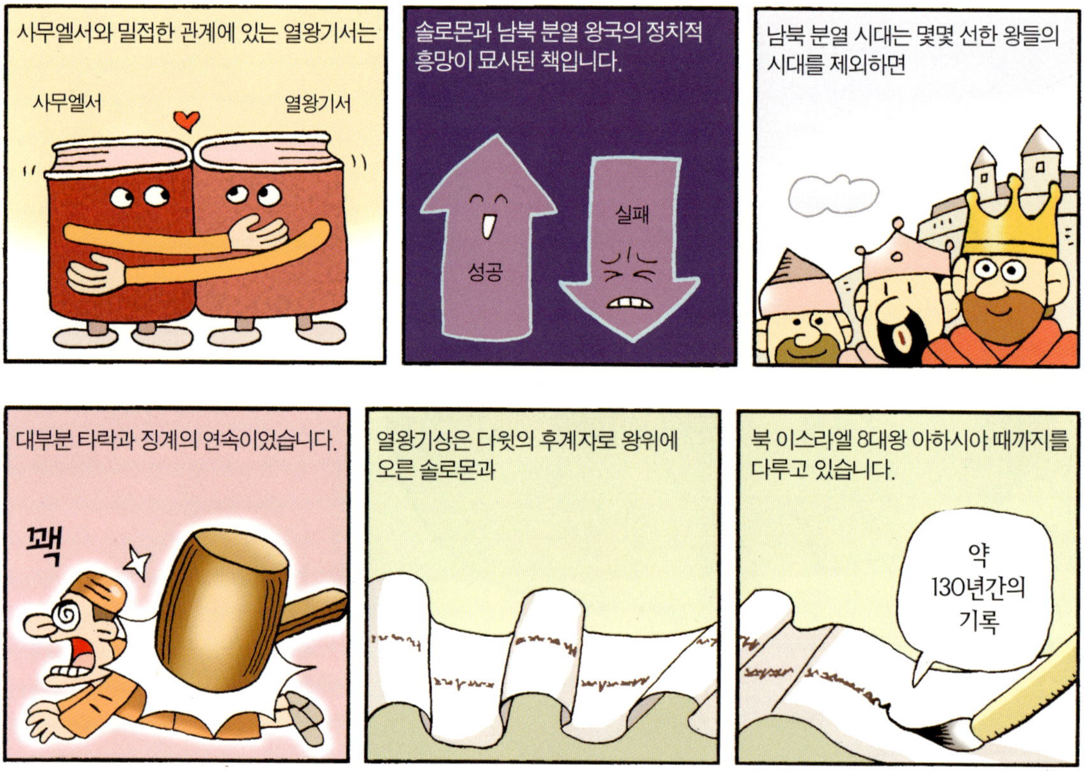

생존한 다윗의 아들들 중
최연장자였던 아도니야는
왕위는
내꺼야!
왕이 되기에 솔로몬보다 더 좋은
조건을 가지고 있었습니다.
반란을 통해서라도
왕이 되겠다!
당시
10대
솔로몬
그러나 다윗의 후계자로 솔로몬을
선택하신 하나님은
헉!!
바로 너!
솔로몬을 왕위에 오르게 하셨습니다.
(1:28-48)
솔로몬은 일천 번제를 드림으로
하나님을 사랑하는 마음을
표현했고(3:4)
하나님께서는 솔로몬의 꿈에
나타나셔서 그를 축복하십니다(3:5-15).
네게
무엇을 줄꼬?
내게 구하라
하나님께서 맡기신 백성들을
잘 다스릴 수 있는 지혜를 주옵소서
하나님께서는 솔로몬에게 지혜뿐만
아니라 부와 영광까지 주시기로
약속하셨습니다.
영광
지
혜
장수
솔로몬은 분쟁을 지혜롭게 판결하는
왕이 됩니다.
진짜 어미는 이쪽이다!
솔로몬은 7년에 걸쳐 성전을
완공했고(5-9장)
빵빠레~
이어서13년에 걸쳐 왕궁을 완공합니다.
성전은 하나님의 임재를 상징하는
거룩한 처소입니다.

그러나 노년의 솔로몬은 타락했고
하나님께 불순종
이방 여인과 결혼도 모자라 우상숭배까지
그로 인해 하나님의 징계를 받습니다.
왕국
분열
쇠퇴
솔로몬의 뒤를 이어 왕이 된 르호보암이 억압정책을 펴자
강제 노역
엄청난 세금
북쪽 열 지파가 분리를 선언한 뒤 (12장)
다윗 왕조와는 끝났다!
절교
여로보암을 왕으로 세웠습니다.
와
와
그 후 남 왕국 유다는 20명의 왕이 통치하고
유다
북 왕국 이스라엘은 19명의 왕이 다스렸지만
대부분 타락과 우상숭배를 반복하게 됩니다.
신정왕국의 모습은 어디로 간 거야?
남북 왕국의 비교
북 왕국 이스라엘 초대왕 : 여로보암
왕의 숫자 : 19명
열 지파로 구성
앗수르에 멸망됨
남 왕국 유다 초대왕 : 르호보암
왕 숫자 : 20명
두 지파로 구성
바벨론에게 멸망됨
이스라엘
갈릴리
지중해
암몬
유다
블레셋
사해
모압

북 왕국 7대 왕 아합은 바알을 섬길 것을 장려했습니다.
강추! 바알
그때 하나님께서는 북 이스라엘의 신앙 회복을 위해 엘리야를 순비 시키셨습니다(17:1-7).
엘리야
우상숭배의 결과로
수년 동안 가뭄이 임하리라!
엘리야
그러나 3년간의 가뭄에도 불구하고 아합은 회개하지 않고
바알이 좋아요!
오히려 선지자들을 죽이기까지 했습니다.
엘리야는 바알 선지자들과의 대결에서 승리하고
바알은 가짜다!
하나님께서는 단비를 허락해주십니다(18장).
엘리야의 등장으로 타락한 북 왕국의 모습과
타락
그럼에도 변치 않는 하나님의 사랑이 증거되었습니다.
출애굽 시대, 사사 시대, 분열 왕국 시대로 이어지는 이스라엘의 모습은
타락한 인간의 유전적 죄성의 모습이었습니다.
내 맘대로!
하지만 하나님께서는 한 번도 그들을 포기하지 않으셨어요
그것이 은혜죠!

# 열왕기하 2 KIGNS

**책 이름의 뜻?** | 열왕기상의 후편

**누가 썼나요?** | 정확하지는 않으며 여러 사람의 글을 모은 것

**언제 썼는가?** | 정확히 모름

**어떤 책인가?** | 역사서. 남 유다와 북이스라엘로 나뉘어졌지만 모두 하나님을 등지고 우상숭배를 했다는 이야기. 성전 예배를 회복한 히스기야 왕과 엘리야의 제자 엘리사의 이야기도 나온다.

## 선지자들의 외침을 외면한 분열 왕국의 멸망!

열왕기하는 열왕기상의 후편입니다. 이스라엘은 남 유다 왕국과 북 이스라엘 왕국으로 분열되어 정치, 경제, 외교, 예배 등 모든 면에서 완전히 분리되었습니다. 그러나 공통점이 있다면, 한결같이 하나님께 등을 돌려 우상을 숭배했다는 점입니다. 결국 하나님께서는 남 왕국과 북 왕국에 선지자들을 보내어 순종을 촉구해야 했습니다.

아람의 군대장관 나아만의 한센병 치유 사건은(5장)
요단강 물에 일곱 번 씻으라
억지로…
누구든지 순종하고 회개하면 은혜를 누릴 수 있음을 보여준 것입니다.
병이 나았다!
나아만은 그의 자격 때문이 아니라 하나님의 선물로 치유 받은 것입니다.
한편 예물을 가로챈 엘리사의 사환 게하시에게 한센병이 들고 맙니다.
끙
욕심
하나님을 경외하지 않는 자들의 비참한 모습이 드러난 순간이었습니다(5:20-27).
북 이스라엘의 마지막 왕인 호세아(19대)는
접니다…
친 앗수르 정책을 펼쳐 약 9년 동안 정권을 유지하지만
결국 앗수르 군대에 의해 멸망당하고 맙니다(17:1-6).
200년 넘게 유지됐었는데…
원인은 우상숭배였습니다.
하나님의 은혜를 잊고 살다가 그만…
남 유다의 상황도 북 이스라엘과 크게 다르지 않았습니다.
불순종
우상숭배
이히
남 왕국 유다도 결국 남북 분열 345년 만에 멸망하고 맙니다(25장).
바벨론 침공
그러나 하나님께서는 이스라엘을 포기하지 않으시고 회복을 계시해주십니다. (25:27-30)
회개하면 다시 자유를 얻으리라
넹

# 역대상 1 CHRONICLES

**책 이름의 뜻?** | 시간 순서대로 이스라엘의 역사를 기록한 책이란 뜻

**누가 썼나요?** | 에스라가 기록했다고 전해짐

**언제 썼는가?** | 예수님이 태어나시기 430년 전 무렵

**어떤 책인가?** | 사무엘하에 덧붙이고 설명을 더한 책으로, 바벨론 포로생활에서 돌아온 이스라엘 민족에게 하나님과 이스라엘 역사를 가르치기 위해 쓰였다. 족보와 다윗과 솔로몬 이야기가 많다.

| 아브라함 | 모세 | 출애굽 | 사사 시대 | 다윗 등극 | 다윗의 죽음 | 에스라 | 예수님 탄생 |
|---|---|---|---|---|---|---|---|
| BC 2100년경 | BC 1500년경 | BC 1440년경 | BC 1375년경 | BC 1010년경 | BC 970년경 | BC 450년경 | BC 4년경 |

## 족보로 시작하는 역대상 기록의 관점을 알아봅시다!

역대상은 이스라엘 역사의 가장 암울한 시기에 기록된 책입니다. 앗수르에 패망한 북 이스라엘, 바벨론에 무너진 남 유다, 그리고 바벨론의 포로로 끌려간 유다 백성들은 훗날 3차례에 걸쳐 본토로 귀환하게 되는데, 이 책은 3차 포로귀환이 이루어진 후에 기록되었습니다. 따라서 그들에게는 뿌리가 필요했고 이 때문에 역대상 서두에 족보가 기록되었습니다.

이 책은 이스라엘의 역사를 다시 묘사하면서
하나님께서 과거 그들의 역사 가운데 어떻게 개입하셨는지를 보여주고 있습니다.
인도
당시 이스라엘은 신앙적으로는 선민 사상이 무너졌고
제사도 제대로 못 드리고…
우상 숭배까지 하고
외형적으로는 예루살렘 성벽도 제대로 갖추지 못한 상태였습니다.
가장 먼저 서두에서 이스라엘의 족보를 정리해 보여줍니다(1-9장).
아담부터
포로 귀환 세대까지
아담부터 야곱의 12아들까지 이르는 족장 시대(1:1-2:2)
유다, 레위지파 등의 민족 형성기(2:3-9:44)를 보여주고 있죠.
족 보
!
역대상의 후반부는 다윗의 통치 기록입니다(10-29장).
역대상에는 다윗의 어두운 면들이 생략되고
사울과의 분쟁
밧세바 간음
압살롬 반역
긍정적인 관점으로 기록되어 있습니다.
백성들에게 용기를 주기 위해서!
언약궤의 예루살렘 안치, 다윗 언약, 통일 왕국 등이 나옵니다.
그러나 사울의 기록은 단 한 장에서만 묘사되고 있습니다(10장).
보여주기 싫어!

역대기는 성경 전체에서
역대기
가장 방대한 족보를 실은 책입니다.
졌소이다
마태복음
족보왕
역대기는 히브리어 원전에서는 마지막에 위치하는데
역대기의 족보는
마태복음의 족보와 절묘하게 연결됩니다.
다윗의 혈통
역대상의 핵심단어는 '다윗 언약' 입니다.
…
이것은 문자적으로 다윗 가문의 영원한 왕권 소유가 아니라
王
다윗의 후손으로 오셔서 구세주가 되신 예수 그리스도에 대한 예언이었습니다.
믿는 성도들로
구성된 하늘나라
영원히 다스리실
왕 예수!
남 왕국 유다는 비록 패망했지만
띵
하나님의 은혜로 회복을 경험하게 되니
그 은혜에 감사하며 살자는 것이
역대기의 주제입니다.
오케이
접수!

# 역대하 2 CHRONICLES

**책 이름의 뜻?** | 역대상에 이어지는 이야기

**누가 썼나요?** | 에스라가 기록했다고 전해짐

**언제 썼는가?** | 예수님이 태어나시기 430년 전 무렵

**어떤 책인가?** | 역사서. 열왕기상하의 이야기를 더 자세히 기록한 책으로, 솔로몬부터 포로시대의 왕에 이르기까지의 왕들 가운데, 왕이 하나님께 순종하면 잘되었지만 불순종하면 망했다는 이야기이다.

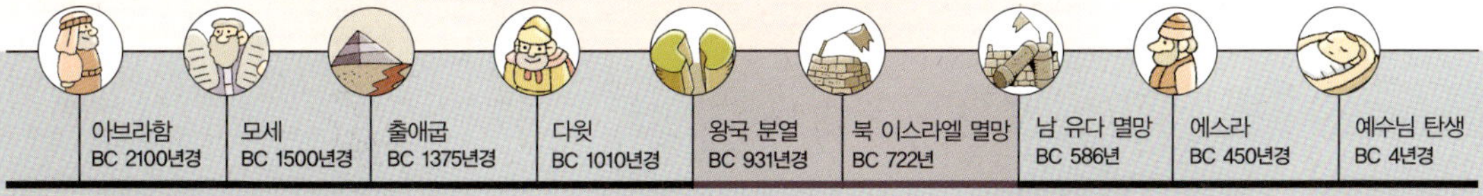

## 역사의식과 정체성을 고취시키기 위한 역사서!

역대하는 역대상 이야기의 연속입니다. 유대인들은 70년의 바벨론 포로생활을 마치고 고향에 돌아왔습니다. 그들은 뿌리감도 없이, 일체감도 없이 실로 오랜 세월을 상실감에 사로잡혀 방황했습니다. 역대기 기자는 그런 이스라엘 백성들에게 역사의식과 정체성을 심어주려고 노력했습니다. 이런 관점에서 역대기는 과거 역사 인물들의 긍정적인 모습을 유난히 강조하고 있습니다.

성전 건축을 완성한 솔로몬의 신앙으로
하나님의 복이 임하게 되었다는 점을 강조합니다.
복
솔로몬의 부정적인 면들은 다윗과 마찬가지로 생략되고 있습니다
백성들이 용기를 가져야 하니까~
역대하 후반부는 유다 열왕들의 통치에 관한 내용입니다(10-36장).
솔로몬이 죽은 뒤 나라는 둘로 갈라지고
유다는 급격하게 몰락해 가는구나
이스라엘 민족이 하나님을 멀리하자
성전도 싫고
예배도 싫다!
몇몇 왕들이 개혁을 시도하지만
쿵
결국 하나 둘 멸망해갔습니다.
꽥!
역대하는 몇몇 선한 왕들의 행적과 상황을 기록함으로써
왕이 여호와를 섬기면 복을 받고
…
섬김
복
정치 경제적인 안정까지 누리게 됨을 묘사하고 있습니다.
튼튼!
정치
경제
남 왕국 유다의 14대 왕 므낫세는 우상숭배를 장려했습니다(33:1-9).
우상

그는 선왕(先王) 히스기야가
반 앗수르 정책을 편 것과 달리
놀자!
싫어!
친 앗수르 정책을 펼치며 이방 종교에
몰두했습니다.
사악한 왕이에요!
결국 하나님의 징계를 받은 뒤
회개하고(33:10-13)
잘못 했어요
이방신들을 모두 제거한 뒤에 하나님만을 섬기도록 백성들에게 명령합니다.
추
방
어떤 죄인이라도 하나님 앞에 회개하면
은혜가 임합니다.
용서 받았어요
16대 왕 요시야는 성전 수리 중 율법책을
발견하는데(34:14-21)
이것이 무엇인고?
그 책을 읽고 회개하자
온 백성들의 죄가 매우 크도다!
엉엉
하나님께서는 요시야에게 긍휼을
베푸십니다.
심판을 요시야 이후 세대로 연기한다
감사!
17대 왕 여호아하스는 애굽에 포로로
끌려가고(36:1-4)
완전 망신
흑!
18대 왕 여호야김과 19대 왕 여호야긴은
바벨론 포로가 되고(36:5-10)
훌쩍!
마지막 왕 시드기야마저 바벨론 포로로
끌려가며 남 유다는 비참하게 막을
내렸습니다(36:11-21).
훌쩍!

# 분열 왕국 시대 주요 연대표

통일왕국의 전성기를 뒤로 하고 솔로몬왕 사후 북 이스라엘과 남 유다로 분열된 왕국은
각각 앗스르와 바벨론에 의해 멸망당했습니다. 주요 연대만큼은 꼭 기억합시다!

| 남 유다 왕국 | 930 솔로몬의 죽음 | 북 이스라엘 왕국 |
|---|---|---|
| 930 르호보암 등극(930-915) | | 930 여로보암 1세 등극(930-909) |
| 910 아사 왕(910-869) | | |
| | 875 엘리야의 활동(875-848) → | |
| | | 874 아합 왕(874-853) |
| 853 여호람 왕(853-841) | | |
| | 848 엘리사의 활동(848-797) → | |
| | | 841 예후 왕(841-814) |
| 835 요아스 왕(835-796) | ← 835 요엘의 활동(835-796) | |
| | | 793 여로보암 2세 왕(793-753) |
| | 760 아모스의 활동(760-750) → | |
| 751 요담 왕(750-735) | | |
| | 750 호세아의 활동(750-715) → | |
| | ← 740 미가의 활동(740-687) | |
| | ← 740 이사야의 활동(740-681) | |
| 735 아하스 왕(735-715) | | |
| | | 732 호세아 왕(732-722) |
| 728 히스기야 왕(715-687) | | |
| | **722 북 이스라엘이 앗수르에 멸망** | |
| 697 므낫세 왕(697-642) | | |
| | ← 681 이사야의 활동 끝남 | |
| 640 요시야 왕(640-609) | | |
| | ← 630 스바냐의 활동(630-625) | |
| | ← 626 예레미야의 활동(626-585) | |
| | ← 610 하박국의 활동(610-599) | |
| 608 여호야김 왕(609-598) | | |
| 597 시드기야 왕(597-586) | | |
| | ← 593 에스겔의 활동(593-571) | |
| | **586 남 유다가 바벨론에 멸망(예루살렘 함락)** | |

*상기 연대는 추정 연대입니다.

# 에스라서 EZRA

**책 이름의 뜻?** | 이 책에 등장하는 지도자의 이름에서 딴 것

**누가 썼나요?** | 에스라일 것으로 추정

**언제 썼는가?** | 예수님이 태어나시기 440년 전 무렵

**어떤 책인가?** | 역사서. 바벨론과 전쟁을 하면서 예루살렘 성벽과 성전이 모두 무너졌는데, 포로에서 돌아온 이스라엘 사람들이 스룹바벨과 에스라를 통해 무너진 성전을 다시 건축하는 이야기이다.

## 성벽을 재건하기 전에 마음을 먼저 재건하자!

1차 포로귀환으로 성전 재건축 역사가 시작된 이후, 에스라가 약 2천 명을 데리고 추가로 귀환했습니다. 그는 백성들의 마음을 회복시켜야겠다고 결심했습니다. 그는 회개하는 심령으로 옷을 찢고, 마음을 다해 감동적인 설교를 했습니다. 의기소침했던 이스라엘 백성들은 그의 뜨거운 설교에 힘입어 하나님과의 관계를 더욱 견고히 이루어가기 시작했습니다.

시드기야 왕은 친 바벨론 정책을 펼치다가
I ♥ 바벨론
바벨론 때문에 왕이 되었으니까…
애굽이 바벨론보다 더 강국이 되자 친 애굽으로 돌아섰습니다.
당신들 배배배배 배신이야 복수하겠다
씽!
결국 바벨론 왕 느부갓네살의 보복으로 남 유다는 패망합니다(BC 586년).
시드기야는 눈이 뽑힌 채 끌려감
역대하는 이스라엘 백성들을 귀환시키라는 고레스의 조서로 끝을 맺습니다. (대하 36:22,23)
야호!
포로 귀환은 이미 예언된 사실이었습니다. (36:21)
귀환!
예레미야의 입
이렇게 바사(페르시아) 전역의 유대인들은 바벨론 포로로 끌려간지
고향이 그리워
70년 만에 3차에 걸쳐 귀환했습니다.
집으로!
1차는 스룹바벨과 예수아에 의해 약 5만 명이
성전 재건해요!
2차는 에스라에 의해 약 2천 명이
신앙개혁운동!
3차는 느헤미야를 앞세워 귀환했습니다.
무너진 성벽 재건
포로 귀환은 구속사의 통로인 이스라엘 역사는 단절되지 않음을 보여주는 사건입니다.
끊어지지 않습니다!

고레스의 조서 내용은 이런 것이었습니다(BC 538년).
포로들의 자유로운 귀향을 허락한다!
성전 재건을 허용하고
성전 건축을 위해 국고를 지원한다
결국 BC 516년에 성전은 재건되었습니다.
와우!
이스라엘의 바벨론 포로 귀환은
고레스의 결단과 정책으로 이뤄진 것처럼 보이지만
사실은 하나님의 구속사적 섭리의 결과였습니다.
하나님의 은혜로!
바벨론 포로 2차 귀환은 에스라의 인도로 이루어졌는데
2차
1차 귀환 후 80년 만에, 예루살렘 재건 후 58년 만에 이루어졌습니다.
1차 귀환
80년
2차 귀환
BC 458년 이었죠
학사 에스라는 대제사장 아론의 후손으로
율법에 정통한 학자였습니다(7:1-10).
율법
에스라는 바사 왕 아닥사스다 왕의 신임을 받는 관직에 있었는데
너를 완전 믿어
에스라의 요청에 의해 아닥사스다는 포로 귀환 조서를 내립니다(7:11-26).
뿅
돌아가시오!

귀환 이후 에스라는 개혁과 신앙 부흥운동을 일으켰고
부흥
개혁
백성들은 이방인과의 결혼을 가슴속 깊이 회개합니다.
이젠 싫어!
좋아할 땐 언제고?
하나님의 말씀을 올바로 알지 못하고
네가 나를 알아?
겉 핥기!
오랜 세월 영적 지도자의 부재로 이방인들과 통혼에 이른 것이었습니다.
율법이 뭐지?
좋은 게 좋은 거지 뭐 있나?
고럼!
에스라를 비롯한 백성들은
이래선 안 된다!
간절히 회개한 후에 개혁을 결심하고(10:1-5)
으흑흑!
엉엉엉!
이방인 아내와 자녀들을 이스라엘 땅에서 추방시킵니다(10장).
그것은 이방 민족들과의 결혼으로 생긴 문제들과
우상숭배로 인한 영적 타락을 방지하기 위한 조치였습니다.
STOP
우리 안에 들어와 있는 죄의 모습을 뿌리까지 뽑아내는
신앙적 결단이 지금 이 시대에도 필요합니다!
얍!

# 느헤미야서 NEHEMIAH

**책 이름의 뜻?** | 이 책에 등장하는 지도자의 이름에서 딴 것

**누가 썼나요?** | 느헤미야와 에스라의 공동 저작일 것으로 추정

**언제 썼는가?** | 예수님이 태어나시기 445년 전 무렵

**어떤 책인가?** | 역사서. 에스라서가 1,2차로 돌아온 이스라엘 백성들의 성전 건축 이야기라면, 느헤미야서는 3차로 돌아온 백성들이 무너진 예루살렘 성벽을 52일 만에 다시 건축하는 이야기이다.

| 아브라함 | 모세 | 출애굽 | 다윗 | 다윗왕조 | 북 이스라엘 멸망 | 남 유다 멸망 | 1차 포로귀환 | 에스라 귀환 | 예수님 탄생 |
|---|---|---|---|---|---|---|---|---|---|
| BC 2100년경 | BC 1500년경 | BC 1375년경 | BC 1010년경 | BC 931년경 | BC 722년 | BC 586년 | BC 538년 | BC 458년 | BC 4년경 |

## 무너진 성벽을 재건하자!

바벨론의 포로로 잡혀간 유대인이면서, 페르시아 황제에게 잔을 받들어 올리는 일을 맡고 있던 느헤미야가 하루는 예루살렘 재건을 위해 고국으로 돌아간 사람들이 시련을 겪고 있다는 소식을 들었습니다. 그래서 그는 왕에게 사정을 밝히고, 성벽 재건을 위해 얼마간의 휴가를 신청합니다.

느헤미야는 하나님께 기도한 후에
울면서 금식하며
아닥사스다 왕에게 간절히 요청했습니다.
왕이시여! 고국의 아픔을 외면할 수가 없습니다
훌쩍
아닥사스다 왕은 흔쾌히 귀환 명령을 내렸고(2:1-10)
물자 지원과 보호도 약속한다!
이렇게 해서 느헤미야는 세 번째 포로 귀환을 주도하게 됩니다.
3차
와아
드디어 고향에 간다
그는 예루살렘에 도착하자마자 성벽이 파괴된 상태를 점검한 뒤
내 가슴도 무너진다
백성들에게 동참해줄 것을 호소했습니다.
모두 한마음으로 성벽을 재건합시다!
끊이지 않는 방해 세력의 공작도 있었지만(4:1-6)
반
대
성벽은 52일 만에 완공되었고 (6:15-19)
할렐루야!
반대 세력들까지도 성벽 재건이 하나님의 도우심이었다고 고백하기에 이릅니다(6:16).
하나님께서 하셨어!
전반부가 외형적인 이스라엘 회복의 모습이었다면
성벽 재건
후반부는 선민 이스라엘의 영적 회복을 다루고 있습니다(8-13장).

에스라가 등장해 부흥운동을 이끄는 모습도 나옵니다(8장).
부
흥
나팔절을 지키기 위해 이스라엘 백성들이 한곳에 모였을 때
와글
와글
에스라는 율법을 낭독해주었습니다.
아브라함과 출애굽 사건과 왕정 몰락
그러자 백성들이 하나님의 말씀을 크게 깨닫고 회개하는 역사가 벌어집니다(9장).
으흐흐흑!
우리는 죄인입니다
꺼이 꺼이
대표자들이 하나님과 언약을 갱신하고 (10:1-27)
언약
나머지 백성들도 율법 준수를 맹세하고 있습니다(10:28-39).
결심!
느헤미야와 에스라가 공동으로 펼친 개혁 운동은
개혁
온 유대 백성들이 하나님의 말씀대로 살 것을 결심하도록 이끌었습니다.
결심!
성도들은 오직 하나님의 말씀을 표준으로 삼아
성 경
말씀대로 살기를 결심해야 합니다.
하나님 말씀대로!
하나님의 뜻
결심!

# 에스더서 ESTHER

**책 이름의 뜻?** | 유대인으로 바사(페르시아) 왕비가 된 '에스더'의 이름에서 딴 것
**누가 썼나요?** | 에스더의 친척 모르드개로 추측됨
**언제 썼는가?** | 예수님이 태어나시기 480년 전 무렵
**어떤 책인가?** | 역사서. 바사의 왕비로 뽑혔다가 유대인을 모두 죽이려는 하만의 음모를 목숨을 걸고 왕에게 알림으로써 유대인들을 구해낸 이야기. "죽으면 죽으리라"는 각오의 말이 유명하다.

## 죽으면 죽으리라! 이스라엘을 살린 한 여인의 결연한 의지!

바사(페르시아)에 포로로 끌려간 유대인 여성으로 고아였던 에스더가 왕후 선발대회에서 당당히 일등을 거둡니다. 그런데 '하만'의 유대인 인종청소 계획을 듣게 된 에스더는 '죽으면 죽으리라'는 각오로 왕 앞에 나아갑니다. 에스더가 왕비가 된 것이 바로 이때를 위함이었습니다.

남아 있던 유대인들은 하만의 모함으로 멸절당할 위기에 처하지만
으
역사를 주관하시는 하나님께서는
택하신 백성들을 안전하게 보존해 주셨습니다.
크아
주는 나의 반석
바사의 아하수에로 왕이 수산 궁에서 성대한 잔치를 베풀었습니다.
왕후의 아름다운 자태를 보여주지!
왕후 와스디를 불러와라!
쿵짝
왕의 명령을 거절한 와스디 왕후는 폐위되고(1:9-22)
지금은 곤란해요!
에스더가 왕후로 간택되었습니다.
콕 찍었어!
에스더는 일찍이 부모를 여의고 친척 모르드개의 손에서 자랐습니다(2:5-7).
포
로
모르드개는 왕을 살해하려는 음모를 저지하는 공을 세웠고
안 돼!
Stop!
이 사실은 궁궐 역대 일기에 기록됩니다(2:19-23).
아말렉 족속의 후손인 하만은 바사제국의 총리가 되자
유대인들을 말살시키려는 흉계를 세웁니다.
유대인 모르드개가 감히 나에게 절을 안 해?
우씨

하만의 음모로 바사 제국의
각 지역에는
뭐가 붙었냐?
유대인을 살해하라는 조서가 1월 13일에
선포됩니다(3:12-15).
아하수에로 왕
제12년(BC 474년) 12월 13일
유대인들을 살해하라!
하만이 유대인 살해 계획을 11개월
후로 결정한 것은
12월13일
길일을 제비로 뽑은 결과였습니다.
내 생애
최고의 날이
될 것이다!
흐흐
왕의 조서가 선포되자 모든 유대인
들은 슬픔에 빠졌습니다(4:1-3).
으흑흑흑,
주여!
옷을
찢고 재를
덮어쓰고!
하나님,
우리를 구해주소서!
모르드개를 통해 유대인 몰살 계획을
전해들은 에스더는
뭐라고요?
훌쩍
비장한 결단을 하고(4:15-17)
저를 위해
금식기도
해주세요
죽으면
죽으리라!
왕 앞에 나아가 유대 민족의 위기를
고합니다(5-7장).
?
하만은 모르드개를 공개 처형하기 위해
세워둔 나무기둥에
너는 이제 죽었다
오히려 그 자신이 매달리게 되었습니다.
(7:8,9)
...
대적들
75,000명도
진멸됨
모르드개는 왕의 암살 음모를 폭로한
공헌이 밝혀지며 바사의
수상이 됩니다(10장).
놀라운
하나님의
역사!

# 욥기 JOB

**책 이름의 뜻?** | 주인공 '욥'의 이름에서 딴 것

**누가 썼나요?** | 욥이 쓴 것으로 추측됨

**언제 썼는가?** | 알 수 없음

**어떤 책인가?** | 시가서. 하나님께 의롭다고 인정받은 욥이 하루아침에 모든 재산과 자식을 잃고 몸에도 병이 드는 고난을 겪은 이야기. 세상에 왜 악과 고통이 있는지를 욥의 친구들과 토론한다.

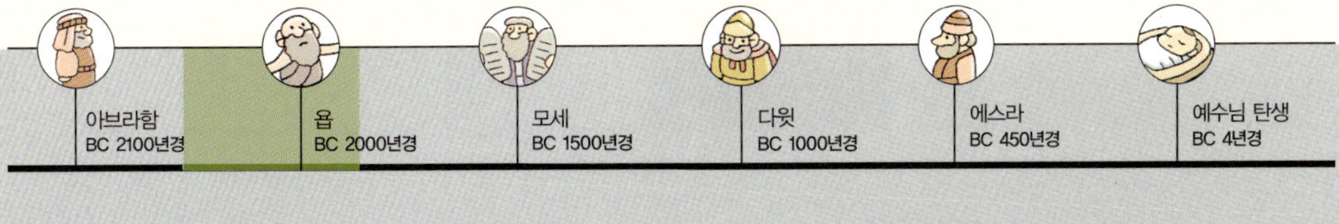

## 세상에 악과 고난이 존재하는 이유는 무엇일까?

하나님이 인정하셨을 정도로 의로운 사람 욥이 고난을 당합니다. 그를 찾아온 세 친구들은 욥이 고난을 받을 만한 잘못이 있을 것이라고 주장합니다. 오랜 논쟁 끝에 하나님은 욥과 그 친구들에게 말씀하십니다. 여호와 하나님께서 모든 것을 주관하시고 다스리신다고 말입니다.

욥기는 인간들이 당하는 고난을 주제로
쿵
고난
그것을 어떻게 받아들여야 하는가에 대해 다루고 있는데
지끈
우씨
그 안에는 하나님의 섭리와 인간의 순종이 잘 설명되고 있습니다.
의인도 고난을 당할 수 있구나
!
우스 땅에 살았던 욥은
의인은?
순전하고 정직하고 하나님을 경외하는 사람이었습니다(1:1).
흠이 없어
존경스럽습니다요
또한 매우 부유한 자였습니다.
아들이 일곱 딸이 셋
엄청난 가축들
어느 날 사탄이 하나님께 나아와 욥의 믿음을 의심합니다(1:9,10).
하나님의 복을 받았으니 신실하게 사는 거 아니겠습니까?
욥에게 재앙을 내린다면
그는 분명히 하나님을 저주할 것입니다!
하나님의 허락을 받은 사탄은 욥을 공격하기 시작합니다.
그의 몸에는 손대지 말라
오케이!
욥은 첫 번째 시련과(1:13-22)
소유물을 잃었어요
자녀들이 죽었어요
두 번째 시련을 통해(2:7-10)
온몸이 종기투성이!
피부병 가려움증
재산, 가족, 건강을 모두 잃게 되었습니다.
꽥

욥이 당하는 고난에 그의 아내도 폭언을 퍼부었고(2:9,10)
하나님을 욕하고 죽으시지!
친구들은 욥의 죄 때문일 것이라고 지적합니다.
너의 죄!
4장부터 37장까지는 욥과 친구들의 긴 논쟁의 기록입니다.
엘리바스는 하나님을 의지하고 죄를 인정하라고 충고합니다(4,5장).
죄에 대한 징계라구!
빨리 하나님께 돌아오라니까!
빌닷은 욥에게 회개하기를 촉구했습니다(8장).
빨리!
악인은 벌을 받고
순전한 사람 의인은 복을 받는다는 걸 왜 모르나?
소발도 욥의 회개를 촉구했습니다(11장).
네 죄를 네가 알지?
몸과 마음으로 지은 죄를 회개하란 말야!
위선을 버려!
그러나 욥은 자신의 결백을 강력히 주장합니다(31장).
고난은 부당합니다
그는 자신의 의로움을 나열하며
정욕을 따르지 않고 정직하게 살아왔어요!
자신이 불의했다면 재앙이 마땅하다고 항변합니다.
잘못이 없어요

단순하게 욥의 고난을 죄의 결과로만 해석한 세 친구들과
당신은 죄인이야
회개해!
그들의 주장에 반박하며 자신의 결백을 주장하던 욥의 논쟁은
서로의 신앙적인 한계만 드러낸 채 끝나고 말았습니다.
답이 없네
욥과 세 친구의 나이가 자신보다 많기 때문에 묵묵히 듣고 있던 엘리후가
쫑긋
욥에게 노를 발하며 논쟁에 동참합니다(32장).
더 이상 못 참겠다!
한마디 하겠소!
고난을 하나님의 연단으로 봐야 합니다!
욥과 세 친구 그리고 엘리후까지 나선 논쟁이 올바른 결론을 내리지 못하자
결국 하나님께서 직접 말씀해주십니다(38-41장).
세상을 누가 만들었느냐?
하나님께서는 세상의 창조자이시며 주권적으로 역사하시고 통치하신다는 사실을 스스로 확증하셨습니다.
인간은 하나님의 권능 앞에서 자신의 무지를 깨달아야 합니다.
네가 아는 게 무엇이냐?
욥은 자신의 무지를 회개한 뒤 친구들을 위해 기도를 드렸습니다.
하나님께서는 욥을 회복시켜주시며 갑절의 복을 내려주셨습니다.
자녀 회복 재산 회복
할렐루야!

# 시편 PSALMS

**책 이름의 뜻?** | '노래' 혹은 '시'를 뜻함

**누가 썼나요?** | 다윗, 아삽(성전의 음악 감독), 솔로몬, 모세

**언제 썼는가?** | 예수님이 태어나시기 1490~500년 전 사이

**어떤 책인가?** | 시가서. 하나님과 하나님께서 하신 여러 가지 일을 찬양하고, 시인의 기쁘고 슬픈 다양한 마음을 표현하거나, 하나님의 보호하심과 사랑을 의지하는 노래들로 가득하다.

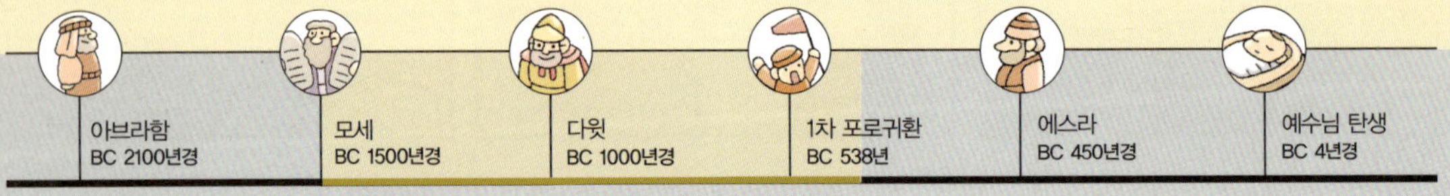

## 온 마음과 정성을 다해 하나님을 예배하고 찬양하라!

시편은 전능하신 하나님을 찬양하고 예배하며 더 큰 은혜와 사랑으로 인도해주시기를 간구하는 믿음의 사람들의 고백이 담겨져 있습니다. 어떤 시는 행복이 넘치는 반면 어떤 시는 낙담과 분노의 소용돌이가 휘몰아칩니다. 시편은 여느 노래 책과 마찬가지로 인간 내면의 깊은 감정을 정제해놓은 시집입니다.

또한 가장 짧은 장도 들어 있습니다.
117편은 겨우 2절
시편은 1,000년 이상의 세월 동안
여러 명의 기자들에 의해 기록되었는데
거의 절반 가까이는 다윗의 시로 구성되어 있습니다(총 73편).
아삽(12편), 고라 자손(11편)도 썼습니다.
이 밖에 솔로몬(2편), 모세(1편), 헤만(1편), 에단(1편) 등이 시편의 기록자들이에요
시편은 5권이 모여 한 권의 책이 되었습니다.
1
2
3
4
5
1권은 다윗의 시입니다(1-41편).
복 있는 사람의 신앙과 삶을 보여주는 1편을 비롯해
의인과 악인의 모습이 13장까지 나타납니다.
하나님과 성도들을 참 목자와 양떼로 비유하고(14-25편)
여호와는 나의 목자시니
공의로우신 하나님을 찬양하기도 합니다(26-41편).
할렐루야!

제2권은 다윗과 고라 자손의 시입니다(42-72편).
열심…
능력의 하나님을 찬양하고(42-50편)
주님만이 나의 힘!
하나님과의 관계가 다시 회복됨을 찬양하고(51-61편)
하나님만을 의지하겠다고 노래하고 있습니다(62-72편).
나의 영혼이 잠잠히 하나님만 바람이여(62:1)
제3권은 주로 아삽의 시들입니다(73-89편).
민족을 구하소서!
제4권에서는 심판주 하나님의 통치를 찬양합니다(90-106편).
제5권은 주로 다윗의 시들입니다. (107-150편)
내가 체험한 하나님
경배받기에 합당하신 하나님을 찬양하고(107-118편)
살아 계신 하나님의 말씀과(119-140편)
히야!
꿀꺽
영원히 우리가 찬양해야 할 하나님을 노래합니다(141-150편).
시편은 그 형식과 내용에 따라 다음과 같이 나눌 수 있습니다.
지혜시
교훈시
감사시
찬양시
탄원시
시편
첫째는 8편, 19편과 같은 찬양시
창조주 하나님의 업적을 기리며 찬양해요

둘째는 28편과 같은 탄원시로
고통 가운데서 하나님의 구원을 호소합니다
탄원시는 국가적인 위기나 개인의 곤경과 고통 중에 기록한 시입니다.
우리를 도우소서!
셋째로 18편과 같은 감사시가 있고
신실하신 하나님의 구원하심을 찬양해요
그 밖에 지혜시(1편 등)와
지혜
지혜는 하나님으로부터!
교훈시로 분류할 수 있습니다.
교훈
시편에는 다양한 음악 용어들이 등장합니다.
무슨 뜻이지?
'마스길' 은 교훈시 또는 묵상시(32,42편 등) 로 불리며 '생각하다' 라는 뜻이며
'믹담' 은 금처럼 귀한 시(16편 등) 로도 불리며 '죄를 속한다' 라는 뜻입니다.
'셀라' 는 소리를 높이라는 의미이며
시편에 71번이나 나온다!
'여두둔' 은 '찬양하라' 는 뜻입니다.
(공적 예배를 인도하도록 지명한 사람의 이름)
'영장' 은 찬양대 지휘자를 말하며
할렐루야(113-118장)는 '너희는 하나님을 찬양하라' 는 뜻의 히브리어랍니다.
hallelujah

# 잠언 PROVERBS

**책 이름의 뜻?** | '지혜의 말씀', '격언'이라는 뜻

**누가 썼나요?** | 대부분 솔로몬이 지음

**언제 썼는가?** | 예수님이 태어나시기 970~700년 전 무렵

**어떤 책인가?** | 시가서. 하나님의 백성으로서 세상을 지혜롭게 살아가고 사람과 사람 사이에서도 올바르고 도덕적으로 살아가는 법에 대한 가르침의 이야기. 아버지가 아들에게 주는 교훈이 많다.

## 지혜의 보고 잠언에서 인생의 바른 길을 배워봅시다!

잠언은 지혜의 말씀을 모아놓은 책입니다. 한마디로 잠언은 인생의 진정한 성공을 보장하는 '경건한 지혜의 보따리'라 할 수 있습니다. 세상을 사랑하는 것과 사람을 사랑하는 것, 하나님을 아는 지식, 친구 관계, 결혼과 가정 문제, 지혜로운 언어 사용 등을 배울 수 있습니다.

잠언은 한마디로 '지혜서' 라고 할 수 있습니다.
번쩍
지혜를 뜻하는 히브리어 '호크마' 에는
호크마
'삶에 도움이 되는 재주' 라는 의미도 있지만
짜잔
넓은 의미에서는 삶의 기준이 되는 도덕적 통찰력과 관련이 있습니다.
방향의 기준이 되는 나침반
그러므로 잠언은 하나님의 백성들이 일상생활에서 부딪치는
국가, 사회, 가정의 문제들을
복잡하게 꼬였다
지혜롭게 처리할 수 있도록 돕는 하나님의 교훈서라고 할 수 있습니다.
매듭이 풀렸다!
잠언의 기자로는 아굴, 르무엘의 어머니와 익명의 기자도 있지만
대부분은 솔로몬이 기록했습니다.
솔로몬은 평생 1,000여 편의 노래를 지었고
약 3,000여 편의 잠언을 말하였습니다.
(왕상 4:32)
잠언은 인생의 진정한 성공을 보장하는 '경건한 지혜의 보따리' 죠!

잠언의 기본 구성을 살펴볼까요?
가장 먼저 잠언의 기자와 주제, 기록
목적에 대해 기록하고 있습니다(1:1-6).
잠언의 기자
주제와 목적
이어서 젊은이들이 가져야 할 지혜에
대한 기록한 잠언(1:7-9:18),
아버지의
훈계라고도
하지요
의인과 악인을 비교하며 지혜의 원리를
가르쳐주는 솔로몬의 잠언(10-24장),
원리
인간관계에 대한 지혜를 말하는
잘
해봅시다
히스기야가 편집한 솔로몬의 잠언
(25-29장)이 기록되어 있죠.
끝으로 어리석음과 지혜를 가르쳐주는
아굴의 잠언(30장)과
현숙한 아내를 묘사하는 르무엘 왕의
어머니의 잠언(31장)으로 마무리를
맺습니다.
우리에게 잠언을 주신
중요한 목적은
하나님과 이웃에 대한 우리의
바른 태도와 의무를 가르쳐주기
위해서지요!
여호와를 경외하는 것이 지식의 근본이거늘
미련한 자는 지혜와 훈계를 멸시하느니라
(1:7)

# 전도서 ECCLESIASTES

**책 이름의 뜻?** | '전도자', '설교자' 라는 뜻

**누가 썼나요?** | 솔로몬

**언제 썼는가?** | 예수님이 태어나시기 930년 전 무렵

**어떤 책인가?** | 시가서. 지혜와 부와 권력을 누려본 솔로몬 왕이었지만, 죄를 범하고 하나님을 믿는 믿음이 없는 인생이라면 모든 것이 헛되고 헛될 뿐이라는 교훈을 주는 이야기이다.

## 삶의 진정한 의미는 어디에서 찾을 수 있을까요?

솔로몬은 권력, 부귀, 지혜, 성공 등 인간이 누릴 수 있는 최고의 것들을 맛본 왕이었습니다. 그러나 하나님 없는 성공과 기쁨은 오래 가지 못하며 헛된 것들이라고 교훈합니다. 해 아래의 모든 것은 헛되나, '해 위의' 하나님을 보면 삶의 의미를 깨닫게 됩니다.그에게는 하나님이 없었기에 결국 그 모든 것이 손톱만큼의 유익도 주지 못했던 것입니다.

그의 발언은 하나님께 부끄러운 정책들로 가득합니다.
이방 여인인과의 결혼!
우상숭배
그 결과 솔로몬의 아들 대에 이르러서 국가 분열이라는 아픔을 맛보는데
남
북
죽음을 앞둔 솔로몬의 탄식은 전도서의 주제가 되었습니다.
모든 것이 헛되도다!
하나님과의 관계가 단절된 인생의 허무함
슬프다
수고하는 것들의 무익함(1:3)
결과가 이것이었나?
인간의 한계는 극복할 수 없다고 솔로몬은 탄식합니다(1:9-11).
여기 까지!
그는 지혜가 더하면 근심도 더하다는 것과(1:12-18)
근심
지혜
이 땅에 영원한 것이 없음을 깨닫습니다(3:1-15).
끝났어
명예
성공
인생
솔로몬은 인생의 허무를 극복할 수 있는 길을 제시하는데(5:1-7)
비결은…?
'여호와를 경외하는 것'이 바로 그 길입니다.
또한 삶을 주관하시는 하나님의 권위를 인정하고 순종하는
주님만 따라갑니다
하나님 중심의 인생관을 대안으로 제시합니다(5:18-20).
하나님 중심

전도서는 재물과 부요와 존귀를 얻은 자나
$
₩
많은 자녀를 두고 장수와 지혜를 얻은 자라고 할지라도
복 받았어요!
그 삶이 허무할 것이라고 가르치고 있습니다(6장).
썰렁
전도서의 결론 부분에서는 전도서를 기록한 목적을 잘 설명해주고 있습니다. (12:9-14)
인생의 허무를 극복하고 바른 삶을 살도록 돕기 위해
전도서
하나님과 바른 관계를 갖도록 돕기 위해 기록했습니다
그리고 최종적인 결론을 내립니다. (12:13,14)
귀 기울여 잘 듣거라!
하나님을 경외하고 하나님의 명령을 지키라는 것과
할렐루야!
이것이 모든 사람의 본분이지요!
하나님께서 선악 간에 심판을 하신다는 것입니다.
쾅!
하나님과 깊은 교제를 가진 자만이 허무에서 벗어날 수 있습니다.
허무
하나님
일의 결국을 다 들었으니 하나님을 경외하고
그의 명령들을 지킬지어다
이것이 모든 사람의 본분이니라
(12:13)

# 아가서 SONG OF SONGS

**책 이름의 뜻?** | '노래 중의 노래', '아름다운 노래'라는 뜻

**누가 썼나요?** | 솔로몬

**언제 썼는가?** | 예수님이 태어나시기 970~950년 전 무렵

**어떤 책인가?** | 시가서. 성경에서 유일하게 남녀의 사랑을 묘사한 책이지만, 예수님은 신랑이고 교회는 신부라고 표현되듯이, 아가서의 이야기는 하나님과 성도들의 사랑을 뜻한다고 볼 수 있다.

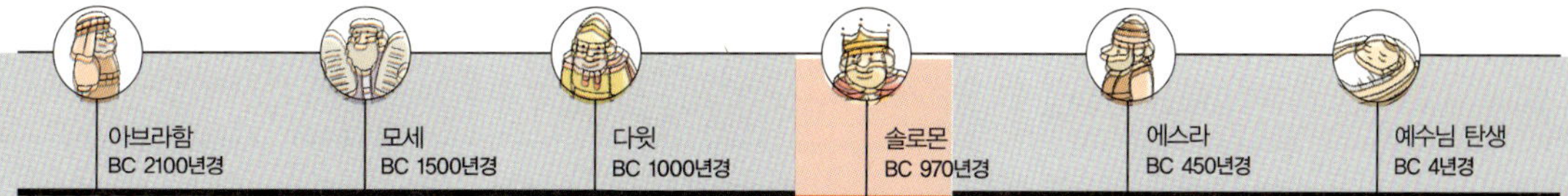

## 달콤한 사랑의 세레나데!

아가서가 말 그대로 인간적인 사랑의 찬가라고 주장하는 학자도 있고, 교회를 향한 예수 그리스도의 사랑을 나타낸다고 주장하는 학자도 있습니다. 이는 신약성경이 교회를 가리켜 '예수 그리스도의 신부'라고 지칭하고 있는 데 근거를 둡니다. 술람미 여인을 향한 솔로몬의 열정과 욕구가 그리스도께서 그 몸 된 교회를 향해 보이시는 열정과 욕구와 유사하다고 해석하는 것입니다.

아가서의 주인공은 솔로몬과
술람미 여인입니다.
그녀는 오빠들과 함께
포도원에서 일하고 있었습니다(1:6).
포도원을 방문한 솔로몬은 아름다운
술람미 여인에게 반해
사랑에 빠지게 됩니다.
예루살렘 궁전으로 모셔라!
그녀는 아름다웠지만 햇볕에 그을려
피부가 검었습니다.
내가 비록 검을지라도 나를 업신여기지 마세요~
두 사람은 결혼하기로 결심하고 상대방을
향한 애절한 사랑을 노래합니다.
잠시 사랑의 좌절을 맛보기도 하지만
기우뚱
아가서는 신실한 사랑으로 위기를
극복하는 성숙한 두 사람의 모습을
보여줍니다.
솔로몬은 은유법을 사용해 연인을
찬미하는 노래를 부릅니다.
머리부터 발끝까지 다 사랑스러워~
신혼 초, 솔로몬이 잠시 먼 곳에 있을 때
술람미 여인은 심각한 갈등을
겪습니다.
꿈인지 생시인지…

솔로몬이 늦은 밤 그녀를 찾았으나 그녀는 망설이며 문을 늦게 열었습니다.
똑똑!
지금은 곤란한데…
그 사이 솔로몬은 돌아가버리고, 그녀는 밤새 그를 찾아 헤맸습니다.
어디 계신 가요?
다시 돌아온 솔로몬은 그녀의 사랑을 확인하고
I LOVE YOU
두 사람은 더 깊고 성숙한 사랑을 나누죠.
술람미 여인은 좀 더 완전한 사랑을 원합니다.
그대가 공개적으로 애정을 표현할 수 있는 분이었다면 좋았을 텐데…
저는 당신을 내 어머니의 집으로 모시고 싶어요
그곳에서 향기로운 음식을 대접하고 싶어요
그 누구에게도 방해받지 않고
단 둘이서 오랜 시간을 보낼 수 있다면…
아가서는 결혼으로 맺어진 남녀의 사랑을 아름답게 보여주고 있습니다.
예수님은 십자가의 구속사역을 통해
주님!
성도인 우리들의 법적으로 유효한 신랑이 되셨습니다.
우리는 그리스도의 신부!
우리는 아가서에서 성도를 향한 예수님의 뜨거운 사랑을 발견할 수 있어요!

# 이사야서 ISAIAH

**책 이름의 뜻?** | 이사야 선지자의 이름에서 딴 것
**누가 썼나요?** | 이사야
**언제 썼는가?** | 예수님이 태어나시기 700~680년 전 무렵
**어떤 책인가?** | 대선지서(예언서). 구약의 예언서 가운데 신약성경에서 가장 많이 인용하는 성경이다. 죄를 떠나 하나님께 돌아가야 한다는 것과 메시아가 오셔서 용서하고 위로하신다는 것을 전했다.

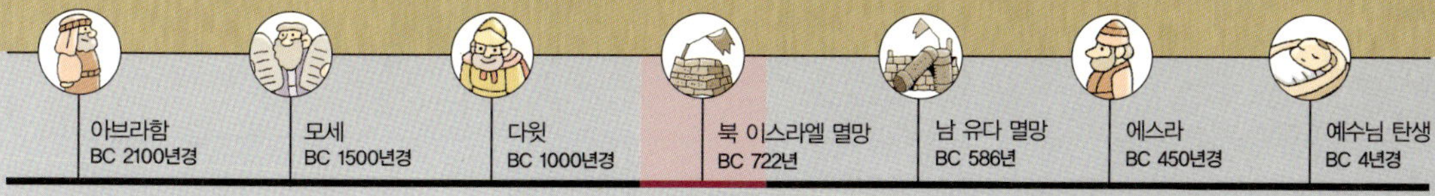

## 메시아에 대한 예언으로 가득한 이사야서의 메시지를 살펴봅시다!

성경의 축소판이라고 할 수 있는 이사야서에는 성경의 핵심 메시지가 잘 담겨 있습니다. 이사야는 이스라엘 백성들의 죄를 지적하며 고난 뒤에 오게 될 예수 그리스도를 통한 구원과 영광에 대해 말해줍니다. 심판을 선포하시는 하나님의 음성에는 백성들을 향한 사랑과 자비가 배어 있습니다. 이 책의 메시지는 오늘날 우리에게도 동일하게 적용됩니다.

이사야서는 전체가
66장이에요!
66
이사야서는 성경의 축소판이라고
부르기도 합니다.
꼬마 성경
BIBL
이사야서의 구성도 앞부분 39장과
뒷부분 27장으로 나눌 수 있어요.
이스라엘의
고난
39장
오실 메시아와
이스라엘의 영광
27권
이사야는 BC 740년경부터
선지활동을 시작해
웃시야
왕이
죽던 해
60년 동안이나 하나님의 메시지를
전했습니다.
회개하시오!
그 시기 북 이스라엘과 남 유다는 정치,
경제적으로 안정기를 누렸습니다.
먹고
살 만하다!
쪼아!
애굽과 앗수르가 국내 문제로
왕조
교체
내분
강대국의 횡포를 멈춘 결과였습니다.
잠시 휴업 중
그러나 심각한 문제가 발생했습니다.
너무 편하니까
말썽을
부리네?
종교적, 도덕적으로 타락하기 시작한
것입니다.
무늬만
경건
멋대로
신앙
그때 애굽과 앗수르가 다시 정복 전쟁을
시작했고
모두
접수해!
북 이스라엘과 남 유다는 큰 위기에
빠지게 됩니다.

그때 하나님께서 이사야를 통해 말씀 하셨습니다.
악을 행한 자는 심판을 받으리라
지금의 고통과 위기는 당신들의 타락 때문이다!
속히 회개하고
하나님께 나와 구원 받으라
이사야서는 내용상으로는 세 부분으로 나눌 수 있지
어떻게요?
첫 번째 부분은 심판과 회복으로 (1-35장)
1장부터 12장까지는 하나님의 심판을 선포하는 내용입니다.
남 유다의 죄
책망!
13장부터 23장까지는
바벨론
앗수르
블레셋
모압
악한 10개국에 대한 심판 경고의 내용이 이어져요.
아람(다메섹)
북 이스라엘(구스)
애굽
에돔(두마)
두로
아라비아
그러나 희망의 메시지도 들려주십니다.
회개하고 돌아오는 자는 구원을 얻으리라!
24장에서 35장까지는 최후의 심판과
메시아 왕국에 들어갈 자들이 묘사됩니다.
두 번째 부분은 히스기야 시대의 3가지 사건들(36-39장)을 보여줍니다.
3

남 유다가 반 앗수르 정책을 취하자 앗수르 왕 산헤립은 예루살렘을 침공합니다.
철저하게 응징해라!
뜨거운 맛을 보여줘랏! 이놈들!
돌격!
앗수르의 침공은 남 유다의 죄악의 결과였습니다.
퍽
당시 남 유다는 우상을 숭배했고
이 조각상에 절하라
언약을 지키지 않았으며
흥
언약 따위 필요없어!
세상의 힘을 더 의지하고 있었습니다.
하나님 싫어
힘센 애굽 알라뷰!
하나님은 앗수르 군대를 사용해 남 유다를 징계하셨는데
쿠우우웅!
히스기야의 회개로 다시 구원을 받게 됩니다(36,37장).
엉엉!
용서해 주세요!

38장은 히스기야의 생명 연장에 대한 기록입니다.
12
9
3
6
병든 히스기야를 방문한 이사야 선지자는
아이고 죽겠네
그의 죽음을 예언합니다(38:1).
네가 죽고 살지 못하리라!
그러자 히스기야는 간절히 기도합니다.
제 생명을 연장시켜 주소서!
하나님께서는 히스기야의 기도에 응답해주십니다.
놀라워라!
히스기야는 생명을 15년 연장받았으며
할렐루야!
앗수르로부터 지켜주신다는 약속도 받았죠.
히스기야의 생명 연장 징표는 해시계였습니다(일영표).
해 그림자가 뒤쪽으로 10도 물러갔어!
왕위를 계승할 후계자도 없었는데 죽을 뻔했어!
히스기야는 하나님의 응답에 감사드리며 찬양합니다.
이것은 우주만물이 하나님의 손에 있다는 것을 보여주신 사건이에요

그러나 히스기야는 병 치유 이후에
에헴!
실수를 하게 되고 그 결과로
교만
바벨론 사신들에게 왕궁의 보물들을 보여줘라!
남 유다의 패망 예언을 듣게 됩니다.
바벨론에게 당할 것이다!
이사야
끝으로 세 번째 부분은 구원과 메시아 왕국에 대한 기사입니다(40-66장).
40장에는 이스라엘의 회복이 묘사되어 있어요
선민 이스라엘이 바벨론 포로에서 해방되어
하나님께서 다스리시는 나라가 될 것이라고 예언합니다.
하나님
여기에는 중요한 의미가 담겨져 있어요!
뭐예요?
단순히 이스라엘의 회복만을 뜻하는 것이 아니라
이스라엘
예수 그리스도께서 이 땅에 오셔서 우리를 구원하시고
!
왕으로서 통치하실 것이라는 의미가 들어 있는 거예요!

이사야서에는
'여호와의 종'에 관한
네 편의 노래가 나와요.
'여호와의 종의 노래'라고 부르기도 하죠.
Song of the Lord's Servant
첫 번째 노래에는 종의 성품과
임무가 묘사되어 있습니다(42:1-9).
보고서
그는 온유하고 긍휼이 풍성하며
공의로우신 메시아로 그려집니다.
(42:1-4)
상한 갈대를 꺾지
아니하며 꺼져가는
등불을 끄지 아니하고
진실로 정의를
시행할 것이며
(42:3)
두 번째 노래에는 종의 탄생과 고난
등이 묘사되어 있습니다(49:1-6).
보혈
메시아의 탄생, 고통과 사역의 완성
메시아가 받게 될 영광을 보여줍니다.
빛
세 번째 노래 역시 구속을 이루는
종의 고난과
승리를 묘사합니다(50:4-9).
사탄의 패배

네 번째 노래는 고난 받는 종을 묘사하고 있어요
여호와의 종이 왜 고난을 당하는지
…
그가 찔림은 우리의 허물 때문이요
그가 상함은 우리의 죄악 때문이라
그가 징계를 받으므로 우리는 평화를 누리고
그가 채찍에 맞으므로 우리는 나음을 받았도다
(53:5)
그 고난에 어떤 의미가 있는지
모욕
십자가
그리고 최후 얻을 승리를 선포하죠.
(52:13-53:12)
최후 승리
우리는 이사야서를 통해 하나님의 크신 사랑과 그리스도의 희생을 깨달을 수 있죠!
그리스도의 희생은 우리의 죄를 담당하기 위함입니다.
이사야서의 결론 부분은 58-66장입니다
결론
바벨론에 있는 이스라엘 백성들의 귀환과
이스라엘의 회복과 하나님과의 관계 회복
하나님 다시 사랑해요
하나님나라에서 누리게 될 성도들의 영광이 예언되어 있습니다.

# 예레미야서 JEREMIAH

**책 이름의 뜻?** | 예레미야 선지자의 이름에서 딴 것

**누가 썼나요?** | 예레미야

**언제 썼는가?** | 예수님이 태어나시기 625~575년 전 무렵

**어떤 책인가?** | 대선지서(예언서). 눈물의 선지자 예레미야가 남 유다가 아직 바벨론에게 멸망당하기 전, 유다가 70년 동안 바벨론 포로생활을 하게 될 것을 예언하고 경고한 이야기이다.

## 눈물의 선지자 예레미야의 간절한 외침을 들어봅시다!

예레미야는 생애 대부분을 남 유다 왕국에서 하나님의 메시지를 전하며 보냈습니다. 그때는 아직 유다가 바벨론에 멸망당하기 전이었습니다. 이스라엘 모든 백성들이 그랬듯이, 남 왕국 백성들 역시 하나님의 길을 떠나 제멋대로 방황하고 있었습니다. 예레미야는 백성들에게 나라의 멸망과 다른 나라의 지배 등을 준엄하게 경고했습니다.

제사장 힐기야의 아들인 예레미야는 요시야 왕 때 선지자로 부름을 받았습니다(1:2).
이스라엘의 멸망을 기억하라!
하나님을 버린 죄는 반드시 멸망을 가져온다 유다여 조심하라!
매국노 같은 놈!
듣기 싫다!
유다여, 회개하라! 죄에서 돌아서라!
니가 해라
회개
크크
예레미야는 유다가 멸망해가는 마지막 50년에 걸쳐 사역했는데
회개하라 심판이 있으리라!
최후의 메시지는 회복과 소망이었습니다(31-33장).
연단 후에 구원에 이르리라
살았다
예레미야는 '새 언약'을 선포합니다(31장).
모세가 시내산에서 받은 율법과 다른 언약!
새 언약을 이스라엘과 세우실 것이다!
이것은 바벨론 포로 해방만을 의미하는 것이 아닙니다.
바벨론
자유닷!

'새 언약' 은 하나님의 은혜로 이루어지는
우리의 노력이 아닌…
그리스도를 통한 구원의 역사를 뜻합니다.
구원
예레미야서의 구체적인 내용을 세 부분으로 나눠서 살펴봐요!
네!
첫 번째는 예레미야의 소명 기사 입니다(1장).
소명
예레미야의 출신과 시대적 배경
앞으로 펼쳐질 그의 사역 내용 등이 나옵니다.
…
두 번째는 심판 경고와 예언 기사입니다. (2-25장)
남 유다여 들을지어다!
예레미야는 12편의 설교를 통해 강력하게 경고합니다.
12
하나님께서 택하신 백성들도 죄를 지으면 심판을 받게 될 것이다!
죄
왜 하나님을 버리고 우상을 숭배하느냐?
찔끔
이것이 영적 간음이라는 걸 모르느냐?
회개하라!
성전의 설교에서도 그는 강력하게 경고합니다(26장).
말씀에 순종치 않으면 예루살렘 성은 멸망할 것이다!

결국 유다 백성들은 바벨론
포로가 되고 말았습니다(27-29장).
훌쩍
예레미야는 '위로의 책' 이라고 불리는
30-33장에서
The Book of Consolation
회복에 관한 예언을 들려줍니다.
이스라엘은 회복됩니다 메시아 왕국이 올 것입니다
52장은 예레미야서의 결론 부분으로
결론!
대필자 바룩이 첨가한 내용입니다.
예루살렘 멸망과 그 이후 이야기
예루살렘의 성전과 왕궁이 불에 타고
성벽이 헐리고 맙니다.
화르르-
약속의 땅 가나안에서 쫓겨난
선민 이스라엘
훌쩍!
그들의 선민 역사는 끝난 것일까?
인간의 생각으로는
불가능했던 일들이
신실하신 하나님의 사랑으로
...
하나 둘 회복되고
BC 538년 바벨론 포로 귀환
약속의 구속사는 이어지게 되죠!
쭉쭉쭉 이어집니다
천국까지!

# 예레미야애가 LAMENTATIONS

**책 이름의 뜻?** | '예레미야가 부른 슬픈 노래'

**누가 썼나요?** | 예레미야

**언제 썼는가?** | 예수님이 태어나시기 600년 전 무렵

**어떤 책인가?** | 대선지서(예언서). 죄에 대해 걱정하지 않는 사람들이 바벨론에 끌려가게 될 사실이 너무나 안타까웠던 예레미야가 백성들에게 들려주기 위해 기록한 슬픈 내용의 노래이다.

## 세상에서 가장 슬픈 노래를 부른 예레미야!

예레미야는 죄로 인해 참혹한 결과가 발생할 것이라고 경고했습니다. 그러나 이스라엘 백성들은 그의 경고를 귓등으로도 듣지 않았습니다. 그래서 그는 장차 바벨론에 포로로 잡혀가게 될 백성들에게 들려주기 위해 슬픈 노래를 기록했습니다. 그러나 그는 질책하는 마음보다는 백성들이 하나님께 불순종하여 결국은 먼 타국에서 고생하게 될 것을 슬퍼하는 마음을 담았습니다.

그러나 이것이 선민 이스라엘의 종말이나 선민으로서의 지위 박탈로 이어지는 것은 아니었습니다.
슬프다 이 성이여 전에는 사람들이 많더니 이제는 어찌 그리 적막하게 앉았는고?
유다는 환난과 고난 가운데에 잡혀갔구나!
1장에서 예레미야는 예루살렘 멸망의 고통을 묘사합니다.
크흑! 슬프다
2장에서는 패망의 원인이 이스라엘의 범죄임을 말하고 있습니다.
죄
멸망
3장에서는 회개를 권면하고
회개!
회개하라!
하나님께 구원을 간구하는 장면이 그려집니다.
내 원통함을 풀어주소서!
4장에서는 멸망을 가져온 지도자들의 잘못을 지적합니다.
이웃 나라 의지
범죄
끝으로 5장에서는 좀 더 적극적인 구원을 노래하고 있습니다!

# 에스겔서 EZEKIEL

**책 이름의 뜻?** | 선지자 에스겔의 이름을 딴 것

**누가 썼나요?** | 에스겔

**언제 썼는가?** | 예수님이 태어나시기 550년 전 무렵

**어떤 책인가?** | 대선지서(예언서). 바벨론에 포로로 잡혀간 유대인들에게 유다를 향한 하나님의 심판과 구원을 예언한 내용. 마른 뼈들이 일어나 큰 군대가 되는 것과 같은 환상이 많이 기록되었다.

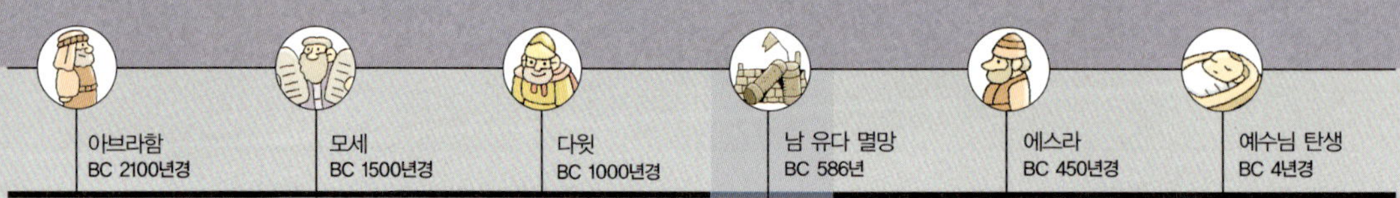

## 심판과 회복과 소망, 찬란한 천국의 환상으로 가득한 책!

에스겔은 환상을 보았습니다. 그것도 단 한 개의 환상이 아니라 여러 개의 환상이었습니다. 그래서 이 책에는 회화적 요소가 풍부합니다. 또한 이 책은 심판과 저주를 포함하고 있습니다. 그는 고향에서 추방당하고 있는 이스라엘 백성들을 향해 그들의 잘못을 지적하고 있습니다. 그러나 그의 예언에는 책망뿐 아니라 천국의 환상과 장래의 소망이 포함되어 있습니다.

하나님을 버리고 우상숭배에 빠졌던
북 이스라엘이
우상
앗수르의 공격으로 멸망되고,
그로부터 130년 뒤 에스겔 사역이 시작됩니다.
여러분!
잘 들으세요!
북 이스라엘을 정복한 앗수르는 BC 612년 바벨론 제국에 의해
무너지고 맙니다.
중근동은
내 손 안에
있소이다!
이처럼 국제 정치가 혼란 속에 빠지자 유다는 살길을
찾기 위해 하나님을 버립니다.
지금 하나님이
중요한 게 아닙니다!
바벨론에게
협조해야
살 수 있어요
옳소!
맞소!
여호야김은 처음에는 애굽 친화정책을 펼치다
애굽의 도움으로
왕이 됐으니…
바벨론이 강자로 떠오르자 바벨론을 섬기기 시작합니다.
당신들
배배배배신이야!

그러다 유다가 바벨론과 거리를 두자
싫어!
결국 바벨론의 공격을 받았고
꽥!
많은 사람들이 포로로 끌려갔습니다.
에스겔도 그때 끌려갔죠
유다의 마지막 왕인 시드기야도
쪼아! 쪼아!
처음엔 바벨론과 가까이 지내다가
바벨론
돌아서서 애굽 친화정책을 폈는데,
어쭈! 저놈들 봐라
결국 바벨론의 공격을 받고
퍽
예루살렘은 멸망하고 말죠.
(BC 586년)
예루살렘이 결국 멸망하고 말았구나…
유다
그러나 유다 패망의 근본적인 원인은 다른 데 있었습니다.
하나님을 버렸기 때문이야
우상을 숭배하고
도덕적으로 종교적으로 타락했으니 망했지
이런 상황 속에서 하나님께서는 에스겔을 사용하셨습니다.
잘 들으시오!

네 입을 벌리고 내가 네게 주는 것을 먹으라
하시기로 내가 보니 한 손이 나를 향하여
펴지고 보라 그 안에 두루마리 책이 있더라

(2:8, 9)

4장부터 24장까지는
24
4
남 유다에 심판이 임할 것이라는 강력한
예언이 기록되어 있습니다.
쿵쾅쾅
남 유다뿐 아니라 유다 전체는
큰 범죄를 저질렀습니다.
우 상 숭 배
뭐 어때?
우상숭배는 하나님께서 가장 미워
하시는 죄입니다.
정말정말정말 싫어!
완전 싫어!
그들은 성전에서까지 우상을 숭배
했습니다(8장).
메롱
결국 공의로우신 하나님께서는
에스겔을 통해
예루살렘의 멸망을 말씀하
셨습니다.
많은 비유를 통해 말씀하셨죠!
끓는 가마 비유를 통해 예루살렘의
멸망이 예언되는데(24장)
슬프다
가마솥은 예루살렘 성,
가마를 달구는 불은 바벨론,
가마 속의 양고기는 유다 백성들,
가마 속의 녹은 유다 백성들의
반복되는 죄를 의미합니다.
하나님께서는 이처럼 죄를 미워하시는 분이란 걸 기억해야 해!
옛썰!

이스라엘 주변의 악한 일곱 나라에 대한 심판도 예언되었습니다(25-32장).
회복이 약속된 유다의 심판과 달리
암몬
모압
에돔
일곱 나라의 심판은 심판으로 끝이 납니다.
블레셋
두로
시돈
애굽
33-39장에는 유다의 회복이 예언되고 있어요
37장에 나오는 마른 뼈가 살아나는 환상은
영적으로 죽은 이스라엘
생기
에스겔 골짜기
회복 예언의 클라이맥스라고 할 수 있습니다.
살아 일어나 큰 군대를 이루었죠!
바벨론 땅에서 소망 없이 살아가던 이스라엘이
훌쩍
하나님의 은혜로 회복되듯이
꺄오!
다시는 살아날 수 없는 영혼들을
살려주시는 그리스도의 크신 능력을
믿는 자는 구원을 얻으리라
이 예언을 통해 다시 한 번 깨달을 수 있습니다.
40-48장은 새 성전 건축과 새 성전에서의 예배를 보여줍니다.
그리스도의 재림과 영광을 의미해요!

# 다니엘서 DANIEL

**책 이름의 뜻?** | 다니엘의 이름에서 딴 것

**누가 썼나요?** | 다니엘

**언제 썼는가?** | 예수님이 태어나시기 530년 전 무렵

**어떤 책인가?** | 대선지서(예언서). 바벨론에 포로로 끌려간 소년 다니엘이 세 친구들과 함께 믿음을 지킨 이야기와 장차 포로가 된 유다를 돌보시고 이방 나라가 망하게 될 것이라는 예언의 이야기이다.

## 뜻을 정하여 하나님을 섬긴 다니엘의 믿음!

소년 시절, 바벨론에 포로로 끌려간 다니엘은 바벨론 궁정에서 왕을 시중드는 사람으로 선발되었습니다. '뜻을 정하여' 하나님을 섬긴 다니엘에게 하나님이 지식과 명철을 주셨으며 모든 이상과 꿈을 해석하게 하십니다. 그는 왕의 시종으로서 왕의 꿈을 해몽해 주어 이방 지도자들에게도 하나님의 놀라운 섭리를 보여주었습니다.

다니엘서에는 바벨론으로 끌려간 다니엘이 이방 나라에서도
여호와 하나님 중심의 신앙을 지키기 위해 당했던
지조
많은 고난과 최후 승리의 모습이 그려져 있습니다.
승리
고난
12장으로 구성된 다니엘서는 크게 둘로 나눌 수 있습니다.
1-6장
7-12장
전반부에는 다니엘이 신앙을 지킴으로써 당했던 시련과
뎅
승리의 기회가 됐던 중요한 사건들이 나타납니다
후반부는 그가 받은 환상과 꿈의 내용입니다.
70이레
네 짐승의 환상
힛데겔 강가에서 본 환상
숫양과 숫염소의 환상
당시 바벨론 제국은 그들이 통치하는 나라들을 효과적으로 다스리기 위해
바벨론
주
변
약
소
국
각국의 포로들 중에서 유능한 청년들을 뽑아
왕궁에서 바벨론식 교육을 시켰는데
바벨론처럼
다니엘과 그의 세 친구들도 그 중 일부였습니다.

다니엘과 세 친구들은
사드락
메삭
아벳느고
왕실 교육을 받는 동안에도
왕이 준 음식을
먹지 않고
물과 채소만 먹겠소!
괜찮을까?
하나님만 섬기는 신앙의 순수성을
지켜나갔습니다(1:8-16).
고기 먹은 사람보다 더 튼튼
다니엘은 뜻을 정하여 왕의 음식과 그가 마시는 포도주로
자기를 더럽히지 아니하리라 하고 자기를 더럽히지 아니하도록
환관장에게 구하니 하나님이 다니엘로 하여금 환관장에게
은혜와 긍휼을 얻게 하신지라
(1:8, 9)
하나님은 다니엘이 바벨론 왕실에서
높은 지위를 얻도록 역사하십니다.
(1:17-21)
대제국 바벨론의 느부갓네살 왕은
바로 나!
어느 날 큰 신상에 관한 꿈을 꾸게
됩니다(2장).
복잡한
꿈이라
머리가
아프구나
왕궁의 주술사들은 이 꿈을 해몽하지
못했고
꿈 내용도
말씀 안 하시고
해석하라니
우리가
어쩌라고?
끙
결국 하나님의 계시를 받은
다니엘이 왕의 꿈을 해석합니다.
꿈의
의미가
뭐냐 하면…

다니엘이 밝힌 큰 신상에 관한 꿈 내용과 해석은 이렇습니다
순금(머리) - 바벨론
은(가슴과 팔)
- 메대와 바사
놋(배와 넓적다리)
- 헬라
철(종아리) - 로마
철과 진흙(발)
- 나라들의 분열
이 꿈은 하나님을 떠난 세상 나라들의 필연적인 멸망과
쾅
하나님나라를 통한 심판을 의미하는 꿈이었습니다.
뜨인 돌
이 사건으로 다니엘은 바벨론의 총리가 되었고(2:24-49)
……
세 친구들은 지방을 다스리는 장관이 됩니다.
느부갓네살은 금 신상을 세운 뒤 모든 국민들이 숭배하도록 했습니다.
모두 엎드려 절하라!
네이~
그러나 다니엘의 세 친구는 금 신상에게
절하지 않았습니다.
우리는 하나님만 섬긴다!

금 신상 숭배를 거부한 다니엘의 세 친구는 형벌로 풀무불에 들어가게 되지만
활활
하나님의 보호하심으로 안전하게 살아나게 됩니다(3:19-27).
멀쩡
평소보다 7배나 뜨거운데
통닭이 돼서 나올 줄 알았는데…
하나님의 사람들은 놀랍군
느부갓네살이 세상을 떠난 뒤 바벨론의 마지막 왕 벨사살은 술을 마시며 우상을 섬기던 중 놀라운 일을 경험하게 됩니다(5:5-16).
꺄!
손가락이 벽에 글씨를 쓰고 있어!
이 글의 뜻을 해석해줄 사람이 없는가?
덜덜
결국 아무도 이 글을 해석하지 못하자 다니엘이 추천되었고
선왕 때도 일했던 자입니다
다니엘은 하나님의 도우심으로 벽에 쓰인 글을 해석합니다.
선왕 느부갓네살도 교만하여 징계를 받았는데…
왕께서 우상을 섬기는 것은 큰 잘못입니다
벽에 쓰인 글자는 '세어보고 달아보아 조각낸다' 라는 뜻입니다
메네 메네 데겔 우바르신
곧 바벨론 제국은 멸망할 것입니다!
결국 그날 밤 벨사살은 죽음을 맞이하고 바벨론은 바사 왕 고레스에 의해 정복당합니다.

바사 메대 연합국에 의해 정복된
바벨론은
바사
메대
바벨론
다리오 왕이 통치하게 되었는데
무너워라
다니엘은 전국을 다스리는 세 명의
총리에 포함되었습니다.
그를 시기한 바사제국 관료들의
모함으로
쑥덕
쑥덕
다니엘을
죽입시다
다니엘은 사자굴 속에
던져지지만
하나님의 보호하심으로
구원을 받았죠!
다니엘은 무사했고 오히려 그를
고소했던 자들이 그 가족과 함께
사자굴 속에서 죽음을 맞이합니다.
으악!
7-12장까지는 다니엘이 받은 예언들의
기록입니다.
이 예언들은 최후 심판과
말세에 나타날 적그리스도를 보여주며
종말과 메시아 나라를 확실하게
제시해줍니다.
그래서 다니엘서를
구약적 종말론의
절정이라고 하죠!

# 호세아서 HOSEA

**책 이름의 뜻?** | 호세아 선지자의 이름에서 딴 것

**누가 썼나요?** | 호세아

**언제 썼는가?** | 예수님이 태어나시기 715년 전 무렵

**어떤 책인가?** | 소선지서(예언서). 호세아 선지자가 나쁜 행동을 반복하는 고멜을 아내로 맞이하여 사랑하게 함으로써, 고멜과 같은 이스라엘 백성을 사랑하시는 하나님의 마음을 깨닫게 하는 이야기이다.

## 음란한 여인과 같았던 이스라엘을 향한 하나님의 끝없는 사랑!

선지자가 음란한 여인과 결혼하다니 그게 말이 됩니까? 그런데 말이 됩니다. 하나님께서 그렇게 하라고 명령하셨기 때문입니다. 하나님은 호세아의 삶을 통해 이스라엘 백성들을 향한 하나님의 지극한 사랑을 보여주시려고 그런 것입니다. 사실 이스라엘 백성들은 창녀와 다를 바가 없었습니다. 그들은 하나님께 신실하지 않았으며, 하나님의 도움이 필요할 때만 순종하는 척했습니다.

브에리의 아들로 태어난 호세아는
소명을 받고 북 왕국의 선지자로서 사역을 시작합니다.
!
선지자
심판이 있을 겁니다!
회개 하시오!
당시 북 이스라엘에는 패망의 징조가 나타나고 있었습니다.
쩍!
위험해!
앗수르 제국이 공격을 개시했고
쿵
타락한 북 이스라엘은 결국 비참한 최후를 맞이합니다.
망했다!
이런 위기 상황 앞에서도
쿵쿵
북 이스라엘
지도자들은 하나님을 찾기보다는
히히
뇌물
앗수르여 잘 봐주세용!
강대국들을 더욱 의지했고
애굽이여 잘 봐주세용!
뇌물
백성들은 우상숭배와
오 위대한 바알 신이시여!
개인의 성공과 복을 위해 하나님을 버리고 있었습니다.
돈이 최고!
하나님은 노 땡큐!
그래서 호세아는 심판을 예언하며 회개를 촉구한 것입니다.
회개 하시오! 빨랑!

호세아의 예언은 본인의 체험에서 나온 것이기 때문에 더욱더 설득력이 있었습니다.
고멜
호세아
간음
타락
하나님
우상
그는 음란한 여인 고멜과 결혼하라는 하나님의 명령에 순종하여
음란
그녀와 결혼하여 음란한 자녀 세 명을 낳았습니다.
이스르엘
로루하마
로암미
고멜은 결혼 후에도 계속 다른 남자들을 만났는데
달링!
그것은 하나님을 버린 북 이스라엘의 모습이었습니다.
우상
하나님
고멜은 결국 집을 나가 음녀가 되었고 호세아는 하나님의 명령대로
...
찾아 오라!
30세겔을 주고 고멜을 집으로 데려옵니다.

고멜을 위해 지불한 30세겔은
가룟 유다가 예수님을 은 30냥에 판
사건을 떠오르게 하죠.
고멜을 향한 호세아의 사랑은
...
죄 가운데서 죽어가는 죄인들을
예수님의 피값으로 구원해주신
하나님의 사랑과 꼭 닮아 있습니다.
아멘!
4장부터 14장에서 호세아는
북 이스라엘의 구체적인 죄악을
지적하고
하나님의
사랑을 버렸다
심판이 있을 것이라고 경고합니다.
하나님을
아는 지식이
없으므로
망하는도다!
죄로 인해 북 이스라엘은 패망했지만
선민 이스라엘은 하나님의 사랑으로
이 스 라 엘
연 단
회복의 은혜가 있을 것임을
호세아는 선포합니다.

# 요엘서 JOEL

**책 이름의 뜻?** | 요엘 선지자의 이름에서 딴 것

**누가 썼나요?** | 요엘

**언제 썼는가?** | 예수님이 태어나시기 800년 전 무렵

**어떤 책인가?** | 소선지서(예언서). 하나님을 등진 유다에 대해 하나님께서 어떤 심판을 내리실지를 경고한 이야기. 남 유다가 풍족하고 평화로웠을 때, 장차 메뚜기 떼를 보내 심판하실 것이라고 예언했다.

## 메뚜기 떼 심판의 경고장!

요엘서는 하나님께서 유다 백성들의 죄를 충분히 참으셨음을 고지하는 '여호와의 날'에 대한 일종의 경고장입니다. 그래서인지 몰라도, 이 책은 매우 구체적입니다. 메뚜기 재앙은 당시 전적으로 농업에 의존하고 있던 그들에게는 굶어 죽는다는 것을 의미했습니다. 한편으로 요엘은 장래의 소망을 밝히는 좋은 소식을 전하기도 했습니다.

대제사장 여호야다가 죽자
요아스 왕은 변심합니다.
성전 제사도 귀찮아
백성들이 우상을 섬깁니다!
그냥 내버려둬
심지어는 자신의 잘못을 지적하는
대제사장 여호야다의 아들 스가랴를 죽이기까지 합니다.
돌로 쳐라!
까불고 있어!
감히 나에게…
당시 이스라엘 주변엔
블레셋
블레셋, 에돔, 애굽 등이
에돔
긴장 상태로 견제하고 있었습니다.
애굽
그러한 때에 갑자기
저게 뭐냐?
남 유다 전체에 메뚜기 재앙과
푸드드득!
꽥! 사람 살려!
극심한 가뭄이 찾아옵니다.
먹을 게 없다
꼬르륵

백성들은 갑작스런 고난을
받아들이지 못했습니다.
흑!
믿을 수 없어!
이러다간
전부
굶어 죽게 생겼다
어째서
이런 일이!
그때 하나님께서 요엘 선지자를
보내셨습니다.
회개
하라!
이것은 남 유다 백성들의
죄에 대한
하나님의
심판이다!
백성들은 하나님 앞에
나와 겸손히 회개할지어다!
요엘은 회개 촉구와 함께
여호와의 날에 관해 경고합니다.
(1:2-2:17)
심판의 날이
다가오고
있다
그리고 이스라엘의 회복과
회복
이스라엘
구원의 기쁜 소식을 전합니다.
(2:18-3:21)
해방!
승리!
이방 민족은 심판을 받게 되고
하나님의 백성들은
반드시 승리하게 될 것입니다!

# 아모스서 AMOS

**책 이름의 뜻?** | 아모스 선지자의 이름에서 딴 것

**누가 썼나요?** | 아모스

**언제 썼는가?** | 예수님이 태어나시기 750년 전 무렵

**어떤 책인가?** | 소선지서(예언서). 남 유다 사람이면서 양치기였던 아모스 선지자가, 북 이스라엘로 가라는 부르심에 순종해 다림줄 비유를 전하면서, 잘못된 예배를 드리는 것을 경고한 이야기이다.

가난한 이웃을 돌보지 않는
공허한 예배를 버려라!

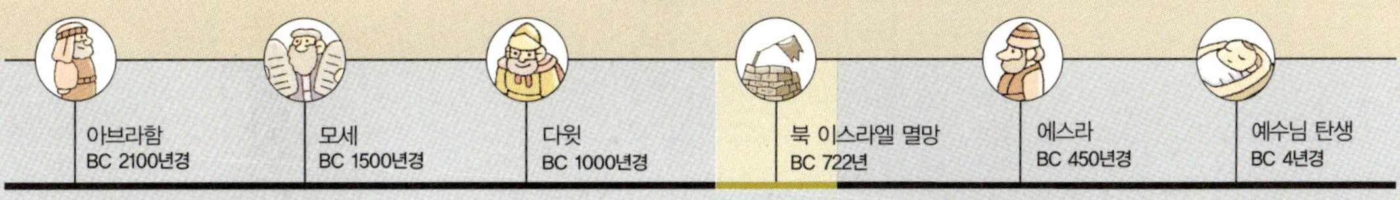

## 공허한 예배를 버리고 삶의 진정한 예배를 회복하세요!

아모스가 전한 메시지의 핵심은 하나님께서 이스라엘 백성들의 예배를 흡족해 하지 않으신다는 것이었습니다. 그들은 성전에 올라가 예배했습니다. 하지만 그 길로 내려와 가난한 사람들을 핍박했습니다. 율법의 규정대로 의식은 행했지만, 마음과 삶으로는 하나님을 예배하지 않았습니다.

북 이스라엘의 여로보암 2세는
공격하라!
아람의 수도 다메섹과 모압까지
정복할 정도로
이렇게 넓은 땅을 차지한 것은
취전성기를 보내고 있었습니다.
으쓱
다윗과 솔로몬 왕 이후 처음이다!
그러나 내면은 극심하게 타락하고 있었습니다.
돈이 최고야
먹고 마시고 즐기자!
하나님도 좋고 우상도 좋아!
무엇이든지 잘될 거야 복 받을거야!
우린 선민이잖아 이히히!
그때 하나님께서 아모스를
사용하셨습니다.
불의의 끝은 심판이다!
남북 이스라엘과 주변 6개의 이방 나라는 심판이 있으리라!
(1:3–15)
훗날 이방 6개국은 아모스의
예언대로 모두 패망했고
블레셋
아람
에돔
두로
암몬
모압
남북 이스라엘도 멸망하게 됩니다.
앗수르
광
바벨론
북 이스라엘
남 유다
아모스는 세 편의 연속 설교를 통해
(3-6장)
1편
2편
3편
심판 선언의 동기와 원인을 밝힙니다.
당신들의 죄가 너무 컸어!

아모스가 지적하는 죄악에는 윤리적인
내용이 많은데
거짓된 제사!
학대!
뇌물!
그것은 하나님을 향한 비뚤어진 사랑이 겉치레 이웃 사랑으로 드러난
모순들을 지적하는 내용들입니다.
아모스는 다섯 가지 환상을 통해 북 이스라엘의 비참한 멸망
과정을 보여줍니다(7:1-9:10).
메뚜기 떼
다림줄
불
여름 과일
성전 파괴
메뚜기 떼와 불 환상은 하나님의 긍휼을
아모스의
중보기도로
심판을
연기한다!
다림줄은 공의로운 심판을, 여름 과일은 임박한 심판을
나타냅니다.
또 성전 파괴는 남북 이스라엘에 임할 심판을 의미하죠.
콰
앙
그러나 다섯 가지의 약속으로 이스라엘의 회복을 보여주며
아모스서는 끝을 맺고 있습니다(9:11-15).
반드시
승리할
것입니다!
힘을 내요!

# 오바댜서 OBADIAH

**책 이름의 뜻?** | 오바댜 선지자의 이름에서 딴 것

**누가 썼나요?** | 오바댜

**언제 썼는가?** | 예수님이 태어나시기 850년 전 무렵

**어떤 책인가?** | 소선지서(예언서). 야곱의 쌍둥이 형 에서의 후손들이 만든 나라인 '에돔'의 멸망에 대한 이야기. 에돔은 형제와 같은 이스라엘을 돕지 않고 오히려 괴롭히는 데 앞장섰기 때문에 심판을 받는다.

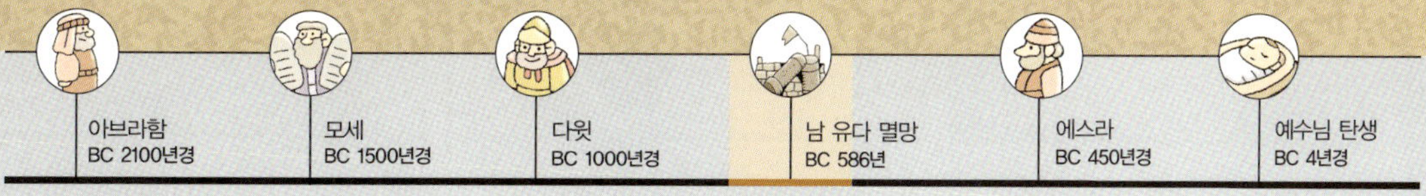

## 에돔의 최후를 예언한 선지자 오바댜!

오바댜 예언의 핵심은 한마디로 에돔 족속에 대한 저주라 할 수 있습니다. 그의 예언대로 에돔은 AD 70년에 로마에 의해 완전히 멸망했습니다. 이스라엘과 에돔 족속의 관계를 이해하려면 창세기의 내용(창 25:19-34)으로 거슬러 올라가야 합니다. 야곱과 에서는 쌍둥이 형제로, 그들은 어머니의 태중에 있을 때부터 다투었습니다.

하나님께서는 에돔 족속에게 많은 배려를 해주셨습니다.
에돔은 이스라엘의 형제국이다!
서로 싸우지 말라!
그러나 에돔 족속은 익했습니다.
이스라엘 녀석들 맘에 안 들어!
애굽을 떠나 가나안으로 향하던 이스라엘을 방해하기도 하고
못 간다 이히히~
계속해서 이스라엘을 대적했습니다.
욱!
에돔
심지어는 바벨론 군대와 함께 남 유다를 공격하여 백성들을 죽음에 이르도록 했습니다.
충격이다! 이럴 수는 없어
이 모욕을 꼭 갚아주마!
으흑흑흑! 슬프다
우리는 완전히 버림받았어!
엉엉
오바댜는 그때 백성들을 격려했습니다.
하나님께서 여러분과 영원히 함께하실 것입니다

구약 전체에서 가장 적은 분량의 책인
오바댜서는
1
달랑
한 장뿐이에요
에돔의 멸망 예언으로 시작됩니다(1:1-9).
반드시
하나님의 심판이
있을 것이다!
에돔 족속의 중심지는 사해 남쪽의 세일산인데
그곳은 천연 요새였습니다.
동굴이
많아서 숨을
곳도 많지!
이히히
접근 금지
그 어떤 나라도
우리를 정복하지
못했걸랑!
그 누구도
우리를
무너뜨리지 못하리라
음하하핫!
낄낄
그러나 에돔은 BC 321년 완전히 멸망하고 말았습니다.
망했다
알렉산더의 부하
안티고누스
그들의 멸망 원인은 이스라엘을 향한 악행이었습니다.
(1:10-14)
남 유다의 붕괴를
그렇게
좋아하더니…
오바댜서는 이스라엘의 구원과 회복을 예언하며 끝을 맺습니다.
(1:17-21)
모든 땅은
회복되며
메시아 왕국이 곧 오리라!

# 요나서 JONAH

**책 이름의 뜻?** | 선지자 요나의 이름에서 딴 것

**누가 썼나요?** | 요나

**언제 썼는가?** | 예수님이 태어나시기 760년 전 무렵

**어떤 책인가?** | 소선지서(예언서). 이스라엘의 원수인 앗수르의 수도 니느웨로 가서 하나님의 경고 메시지를 전하라는 명령을 거부한 요나 선지자가 정반대 방향으로 갔다가 결국 순종하게 되는 이야기이다.

| 아브라함 | 모세 | 다윗 | 분열왕국 | 북 이스라엘 멸망 | 에스라 | 예수님 탄생 |
|---|---|---|---|---|---|---|
| BC 2100년경 | BC 1500년경 | BC 1000년경 | BC 931년경 | BC 722년 | BC 450년경 | BC 4년경 |

## 이방인에게 복음을 전한 구약의 사도행전!

한때 불순종했던 요나 선지자는 악한 성 니느웨의 멸망을 경고하고 회개를 외칩니다. 결국 사람이 물고기 뱃속에서 다시 살아 나오는 기적보다 더 큰 기적이 일어나는데, 그것은 니느웨 성 사람들이 요나의 말을 듣고 회개한 것입니다. 그러나 요나 선지자는 니느웨 백성들이 회개하는 것을 보며 기뻐하지 않고 오히려 낙심했습니다.

당시 앗수르의 수도 니느웨 성에는
약 60만 명이 살았을 것으로 추측하는데, 그 도시는 매우 악한 도시였습니다.
우상숭배 좋아요!
우리가 최고야! 하나님은 필요없어!
난 쾌락이 좋아!
니느웨는 선민 이스라엘이 경멸하던 대표적인 이방 도시였습니다.
빨리 망해버려야 해!
그렇게는 못해요!
그런데 나보고 그곳에 가서 하나님을 전하라고요?
요나는 욥바에서 다시스로 가는 배를 탄 뒤
빨리 갑시다!
배 밑층으로 숨어 들어갔습니다(1:1-3).
멀리 멀리 도망가야 해
그러나 요나의 도피 계획은 한순간에 좌절되고 맙니다.
위험해!
폭풍이다!
쿠쿠쿵

요나는 풍랑 중에 자신의 죄를 털어놓고
하나님의 사명을 피해 도망쳤소
바다에 던져지게 됩니다(1:11-17).
제비를 뽑았더니 당신이 뽑혔잖아!
잘 가시오!
요나는 물고기 뱃속에서 3일을 지내며 회개하고 고난 중에 구원해주신 하나님께 감사드립니다.
구원은 오직
여호와께만 있나이다!
그가 사명자로 거듭나자 물고기는 요나를 토해냈습니다.(2:10)
웩!
요나는 사흘 길을 걸어 니느웨 성에 도착해 멸망을 선포합니다.
사십 일이 지나면 니느웨가 무너질 것이다!
그러자 니느웨 성 사람들은 금식하며 회개했고, 모두 구원받게 됩니다.
엉엉엉
주여! 뜻을 돌이키소서!
어? 이게 아닌데…
니느웨 성이 망해야 하는데
아우 – 짜증난!

요나는 하나님께 불평을 털어놓았습니다.
자비하신 하나님이신 것은 잘 알지만
끔찍한 원수 앗수르 백성들도 구원하시는 겁니까? 차라리 나를 죽이세요!
하나님께서는 요나의 불평에 시청각적으로 답변하셨습니다(4:6-11).
그늘을 만들어주는 박넝쿨!
그런데 아침에 보니…?
벌레가 다 씹어 먹어 시들었다
요나는 박넝쿨이 시든 것에 불평을 합니다.
그늘도 없고 더워서 죽겠네! 짜증나
헥 헥
그늘을 만들어주는 박넝쿨을 네가 그렇게 아꼈는데
하물며!
이 큰 성 니느웨 사람들을 내가 아끼지 않을 수 있겠느냐?
그렇군요
하나님께서는 더 많은 사람들이 구원받기를 원하고 계십니다.
아멘

# 미가서 MICAH

**책 이름의 뜻?** | 미가 선지자의 이름에서 딴 것
**누가 썼나요?** | 미가
**언제 썼는가?** | 예수님이 태어나시기 730년 전 무렵
**어떤 책인가?** | 소선지서(예언서). 유다와 이스라엘을 향한 하나님의 징벌과 약속, 그리고 용서에 대해 전하는 이야기. 미가는 남 유다와 북 이스라엘 모두에 말씀을 전한 특별한 선지자였다.

## 죄인 이스라엘은 들으라!

미가는 다른 선지자들과 마찬가지로, 이스라엘 민족에게 확실하게 임할 심판과 예수 그리스도를 통해 도래하게 될 미래의 승리를 동시에 전했습니다. 미가는 백성들에게 형식적인 시늉만의 믿음이 아니라 마음의 헌신에 이르러야 한다고 촉구했습니다. 그는 유다 백성들이 바벨론에 포로로 잡혀가게 될 것이라 예언했고, 그의 예언은 그대로 실현되었습니다.

앗수르는 남진정책을 펼치며
디글랏 빌레셀 3세
남북 이스라엘에 압박을 가해오고 있었습니다.
돌격하랏!
꺄옷!
꽥!
접수해버렷!
이런 위기 속에서 지도자들은 흔들렸습니다.
힘을 모아서 이방 민족을 막아냅시다
똘똘 뭉칩시다!
이렇게 말하고 싶지만 우선 나부터 살고 보자~!
돈도 긁어 모으고
쌩
또 일부 지도자들은 애굽에 머리를 숙이고
잘 좀 봐주세요
뇌물
우상까지 들여오는 등 극도로 혼란한 시기를 보내고 있었습니다.
알라뷰!
당시엔 여러 명의 선지자들이 활동하고 있었습니다.
메시아를 통해 다윗 언약이 이루어질 것이오!
이사야
호세아
아모스
이스라엘은 악하지만 하나님의 사랑은 무궁할 것이오!

전체 세 부분으로 구성된 미가서는
1
2
3
먼저 남북 이스라엘이 심판을 받을 수밖에 없는 이유를 밝힙니다.
들을지어다! 하나님의 분노에는 원인이 있다!
북 이스라엘의 수도 사마리아와 남 유다의 수도 예루살렘에서 죄악이 행해졌기 때문입니다(1:2-7).
우상숭배가 도대체 웬 말인가?
우상숭배는 정말 심각한 죄이다!
결국 북 이스라엘은 예언대로 BC 722년 앗수르에 의해 멸망되었습니다.
미가는 남 유다 역시 패망하게 됨을 인하여 슬퍼합니다. (1:8-16)
으흑흑흑흑!
그는 이스라엘의 정치, 종교 지도자들의 죄를 지적하며
악을 사랑하고
권력 남용이 심하다!
예루살렘 성전이 파괴될 것을 예언합니다(3장).
성전 파괴는 절대 없을 줄 알았는데…
훌쩍-
결국!

베들레헴 에브라다야
너는 유다 족속 중에
작을지라도
이스라엘을 다스릴 자가
네게서 내게로 나올 것이라
그의 근본은 상고에, 영원에 있느니라

(5:2)

이러한 예언들은 하나님의 구원 역사가 크신 사랑 가운데 진행되고 있음을 보여줍니다.

# 나훔서 NAHUM

**책 이름의 뜻?** | 나훔 선지자의 이름에서 딴 것

**누가 썼나요?** | 나훔

**언제 썼는가?** | 예수님이 태어나시기 650년 전 무렵

**어떤 책인가?** | 소선지서(예언서). 요나가 하나님의 경고의 말씀을 전해서 회개했던 니느웨가 나중에 다시 죄가 가득한 곳이 되고 말았다. 그래서 나훔 선지자가 곧 멸망하게 될 것이라고 예언한 이야기이다.

## 깨닫지 못하는 사람들의 최후!

요나의 메시지를 들은 니느웨는 회개했지만, 그 상태를 오랫동안 지속하지 못했습니다. 그들은 또 다시 악한 행실을 되풀이했습니다. 그래서 나훔 선지자가, 하나님께서 그들의 악행을 징벌하실 것이라는 소식을 갖고 그들을 마주한 것입니다. 선지자가 주는 메시지는 어제나 오늘이나 동일합니다. 하나님께서는 악을 영원히 묵인하지 않으실 것입니다.

니느웨 사람들은 전보다 잔인해졌으며 하나님을 두려워하지 않았고
하나님은 없다
메롱!
주변 국가들과 끊임없이 전쟁을 했으며
모두 정복 해버리자!
약탈해 가자
포악한 행동을 즐겼습니다.
반역자들의 살가죽을 벗겨라!
이러한 때에 하나님께서는 나훔 선지자를 통해 니느웨에 대한 심판을 선포하셨습니다(1:2-15).
지금은 앗수르가 강하지만
하나님의 심판으로 무너질 것이다!
글쎄올시다 히히
과연 누가 우리를 무너뜨릴 수 있을까용?
결국 나훔 선지자의 이 예언은 BC 612년
바벨론에 의해 니느웨가 멸망당함으로써 이루어졌습니다.
바벨론
2장에서는 니느웨의 참상을 예언합니다.
적의 공격으로 무너질 것이다
메대와 바벨론 연합군은 니느웨를 공격하고
쾅
니느웨의 멸망으로
유다가 해방의 기쁨을 맛볼 것이라는 예언도 이어집니다.

3장에서는
니느웨가 왜 멸망하게 되는지
기록돼 있어요
멸망의 원인인 죄악상을 낱낱이
선포하고 있습니다(3장).
살인
음행!
앗수르는 영토 확장을 위해
쓸어버려!
지속적으로 이웃 국가들과 전쟁을 벌였고
닥치는
대로 뺏고
닥치는
대로 죽여라!
교활하고 잔인한 방법으로
정복해나갔습니다.
살려주세요
닥쳐!
공의로우신 하나님께서는 니느웨를
심판하셨고
그들은 다른 나라의 멸시를 받게
됩니다.
비참한 최후로군
하나님은 오래 참으시는
자비의 하나님이시지만…
죄악을 용납하지 않으시는 공의의
하나님이시기도 합니다.
심판
쿵
우주만물의 주권자이신 하나님의 모습이
나훔서를 통해 다시 한 번 드러난 것입니다.
아멘

# 하박국서 HABAKKUK

**책 이름의 뜻?** | 하박국 선지자의 이름에서 딴 것

**누가 썼나요?** | 하박국

**언제 썼는가?** | 예수님이 태어나시기 600년 전 무렵

**어떤 책인가?** | 소선지서(예언서). 세상에 악이 넘쳐나고, 사람들이 죄를 짓고도 잘 사는 것을 이해할 수 없었던 하박국이 하나님께 불평한다. 하나님의 말씀을 들은 하박국이 기쁨의 노래를 부른다.

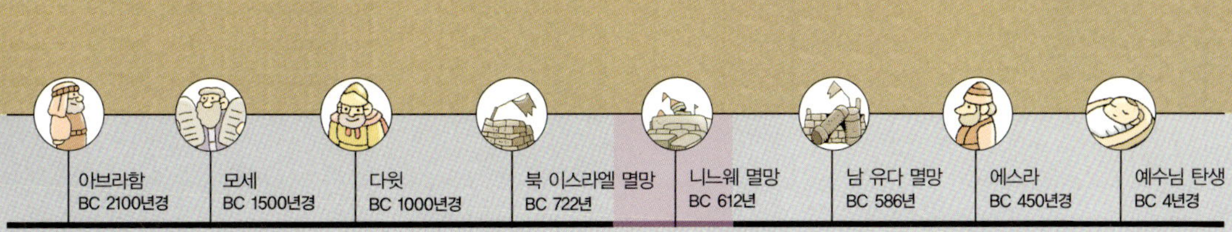

## 나는 여호와로 인하여 즐거워하네!

하박국은 세상에서 악이 득세하는 것을 이해할 수 없어서 하나님께 질문을 던졌습니다. 하나님은, 악을 징벌하는 것은 오직 하나님께만 달려 있다고 대답했습니다. 하나님은 하박국에게 악은 반드시 멸망하게 될 것이라고 말씀하셨습니다. 하박국은 처음에는 하나님의 공의에 회의를 품다가 나중에는 하나님 때문에 즐겁고 기쁘다고 고백합니다.

하박국 선지자가 활동하던 시기는
남 유다가 극심한
비틀
휘청
정치 경제적 위기를 맞이하던 때였습니다.
흔들
앗수르의 몰락과 바벨론, 애굽의 다툼으로 남 유다는 고래 사이에 낀 새우 신세가 되고 말았습니다.
애굽
여기도 눈치
저기도 눈치
바벨론
지도자들은 백성들을 착취하고
돈을 모아서 강대국에게 바쳐야 우리가 편해
하나님의 말씀을 대언하는
회개하라!
선지자들을 죽이기도 했습니다.
듣기 싫다!
그런 상황에서 하박국은 하나님께 질문을 합니다(1:2-4).
죄 많은 유다를 왜 그냥 두시나요?
당시 남 유다의 왕이었던 여호야김은
음하하!
종교개혁을 일으켰던 부친 요시야 왕과는 다르게
다 죽었어!
공의롭지 못한 정치를 펼치고 있었습니다.
부정 부패
태워버려!
하나님 말씀

하박국의 하소연은
왜 유다를 보시고도 침묵하시나요?
유다의 붕괴를 바라는 것이 아니라
징계를 통해서라도
진정한 사랑에서 우러나온 것이었습니다.
유다가 회개하고 바로 서게 하소서
하나님께서는 그들의 죄를 방관하시는 것이 아니라 심판의 때를 기다리고 계신다고 응답하십니다(1:5-11).
바벨론을 도구로 삼아
심판 하리라!
하박국은 다시 질문합니다(1:12-17).
그렇다면!
왜 악한 바벨론을 통해 유다를 심판하시는지요?
잠시 바벨론을 심판의 도구로 사용하지만
쾅
결국 바벨론도 심판을 받아 무너질 것이다
그렇군요!
하나님은 바벨론의 멸망의 원인이 된 다섯 가지 죄와
탐욕
불의한 이(利)
피 흘림
협박
우상숭배
그들이 받을 저주를 선포하십니다. (2:4-20)
하박국은 하나님을 찬양하며 끝을 맺습니다.
구원을 믿습니다!

# 스바냐서 ZEPHANIAH

**책 이름의 뜻?** | 스바냐 선지자의 이름에서 딴 것

**누가 썼나요?** | 스바냐

**언제 썼는가?** | 예수님이 태어나시기 630년 전 무렵

**어떤 책인가?** | 소선지서(예언서). 유다가 바벨론 포로가 되기 직전에, 유다의 마지막 선지자 스바냐가 포로 생활 동안에도 '믿음으로 남은 사람' 들이 구원받을 것이라는 하나님의 뜻을 전한 이야기이다.

- 아브라함 BC 2100년경
- 모세 BC 1500년경
- 다윗 BC 1000년경
- 북 이스라엘 멸망 BC 722년
- 요시야 BC 640년
- 남 유다 멸망 BC 586년
- 에스라 BC 450년경
- 예수님 탄생 BC 4년경

## 여호와의 날이 곧 임하리라!

스바냐의 메시지는 유다 왕국을 위한 것이었지만 그와 동시에 모든 민족을 위한 것이었습니다. 그는 모든 사람들에게 하나님께서 그들의 행위에 대해 책임을 물으신다는 것을 상기시켰습니다. 이 말씀은 오늘날 우리에게도 그대로 적용됩니다. 스바냐는 심판과 징벌을 예고하는 자리에서 희망을 비추는 자리로 점차 이동합니다.

당시 앗수르가 주변 국가들과의 전쟁으로
남 유다에까지 신경을 쓰지 못하자 요시야 왕은 독립을 선언합니다.
우리는 하나님의 선민입니다
다시 일어섭시다!
그때 스바냐 선지자도 남 유다의 개혁과 회복을 역설했습니다.
죄악으로부터 돌아서십시오!
하나님의 심판이 임할 것입니다
…
그는 여호와의 날에
The Day of the Lord
전 우주적인 하나님의 심판이 있을 것이라고 선언합니다.
(1:4-18)
남 유다는 타락했으며
우상 숭배!
부정 부패
선민사상이 실종됐다고 지적합니다.
이방인들과 다른 게 뭐가 있나?

스바냐는 심판의 날이 빠르다고 말했는데
심히 빠르도다!
그것은 심판이 가까웠다는 의미입니다. (1:14-18)
이방 다섯 국가의 심판도 예언되었는데
5
그것은 전 세계 국가를 상징하는 것입니다.
블레셋
모압
암몬
구스
앗수르
그들이 하나님을 믿지 않았으며
교만했던 것이 멸망의 원인이 됐습니다.
내 위에 아무도 없다!
남 유다의 수도 예루살렘의
심판도 선포되었습니다.
당신들은 하나님을 배반했다!
그러나 희망의 메시지도 전해졌습니다.
여호와의 날에
남은 자에 대한 구원이 이루어질 것이다!
징계 속에도 하나님의 은혜는 숨겨져 있습니다.

# 학개서 HAGGAI

**책 이름의 뜻?** | 학개 선지자의 이름에서 딴 것

**누가 썼나요?** | 학개

**언제 썼는가?** | 예수님이 태어나시기 520년 전 무렵

**어떤 책인가?** | 소선지서(예언서). 무너진 성전을 다시 만들고 있는 상황에서도, 하나님의 집을 꾸미기보다 자기 집에 더 관심을 가지고 있는 유다 백성들에게 하나님의 일이 우선임을 가르쳐준 이야기이다.

- 아브라함 BC 2100년경
- 모세 BC 1500년경
- 다윗 BC 1000년경
- 남 유다 멸망 BC 586년
- 고레스의 칙령 (유다의 귀환 허락) BC 538년
- 에스라 BC 450년경
- 예수님 탄생 BC 4년경

## 우선순위를 새롭게 하라!

스바냐서가 바벨론 포로 이전에 기록된 반면, 학개서는 바벨론 포로 이후에 기록된 책입니다. 유다 백성들은 포로생활을 마치고 본국으로 돌아왔지만 하나님을 최우선순위로 삼지 못하고 있었습니다. 예배 처소인 성전을 재건하지 못하고 있었던 것입니다. 학개서가 주는 메시지는 오늘날 우리에게도 시사하는 바가 큽니다. 무슨 일을 하기 전에 하나님과의 관계를 점검해야 합니다.

당시 백성들은 42,360명
노예들은 7,337명
찬양으로 섬기는 이들 200명이 귀환했는데
학개도 그들과 함께 예루살렘으로 귀환했습니다.
BC 536년
정초식
드디어 성전 재건 공사에 들어갔습니다.
이게 얼마만이냐?
가슴이 뭉클!
아무튼 신난다!
그러나 사마리아인들이 방해하기 시작합니다.
공사를 중단하시오!
설상가상, 흉년도 찾아왔습니다.
먹을 것도 없는데 웬 재건공사?
바사의 새로운 왕은 지원을 중단했습니다.
관심
없어
그래서 성전 재건 공사가 중단되고 말았습니다.
우째 이런 일이?

그렇게 성전 재건 공사는
중단된 채
무려 16년 동안이나 방치되었습니다.
공사
방치 중
여호와의 임재를 상징하는
성전을
이렇게 방치하다니…
훌쩍
그때
학개 선지자가
선포합니다.
우리는 하나님의 백성입니다
다시 힘을 모아
성전을 재건합시다
학개서는 학개가 선포한 네 편의
설교로 구성되어 있습니다.
1
2
3
4
학개의 책망을 들은 백성들은 회개했고
엉엉엉!
잘못했습니다!
성전 재건 공사를 계속해
열심… 열심…
4년 만에 성전이 완공됩니다.
(BC 516)
그곳이 스룹바벨 성전이지요
하나님 임재의 상징이며
예수 그리스도의 모형인
성전을 재건하는 데 성공하도록
기여한 선지자가 학개였습니다.

# 스가랴서 ZECHARIAH

**책 이름의 뜻?** | 스가랴 선지자의 이름에서 딴 것

**누가 썼나요?** | 스가랴

**언제 썼는가?** | 예수님이 태어나시기 520년 전 무렵으로 추정

**어떤 책인가?** | 소선지서(예언서). 포로 생활에서 돌아와 성전 재건에 힘쓰는 백성들을 격려하면서, 메시아가 오실 것을 매우 구체적으로 예언한 이야기이다.

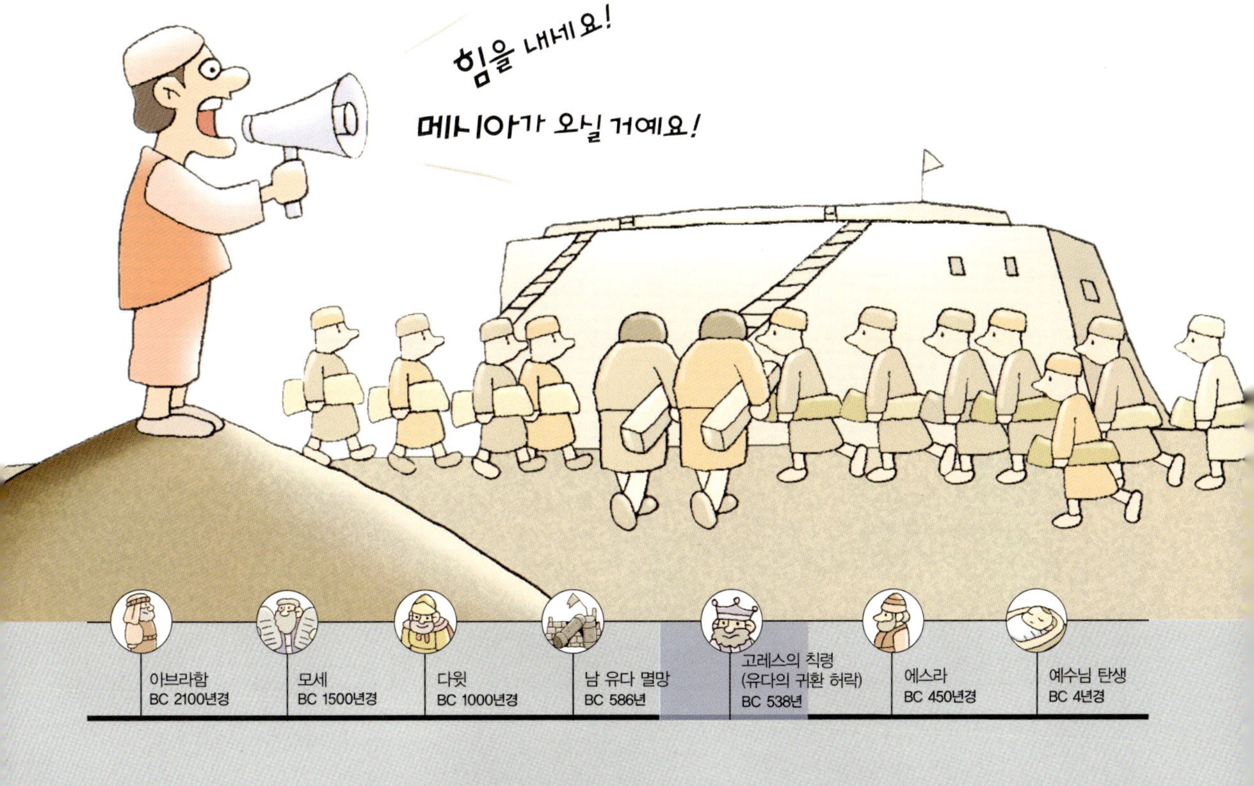

## 이스라엘의 왕이 다시 오실 것이다!

스가랴서는 바벨론 포로에서 돌아온 이스라엘 백성들에게 신정왕국 회복을 위한 성전 재건을 촉구하는 내용이 담겨 있습니다. 스가랴는 백성들에게 "성전을 재건하는 일은 그럴 만한 가치가 있는 일이다"라는 메시지를 전했습니다. 스가랴서 후반부는 예수 그리스도에 대한 예언으로 가득합니다. 스가랴는 예수 그리스도의 두 번 오심과 곧 이루어질 하나님나라를 예언하기도 했습니다.

1-8장까지의 전반부에는 환상들이 나오는데
8가지가 나옵니다
메시아 왕국에 관한 의미들이 담겨져 있습니다.
끼랴!
두두두두두
첫 번째는 붉은 말 탄 자의 환상 (1:7-17)
하나님께서 적들을 물리치시리라
두 번째는 네 뿔과 대장장이 네 명 (1:18-21)
네 뿔은 악의 세력들을 의미하고
네 명의 대장장이는 하나님의 심판 도구를 뜻하죠
세 번째는 척량줄을 잡은 천사의 환상 (2장)
이것은 예루살렘의 회복을 의미합니다.
아멘!
네 번째는 여호와 앞에 선 대제사장 여호수아의 환상(3장)
여호수아가 더러운 옷을 벗고 깨끗한 옷을 입듯이
뽀샤시
죄인들이 대제사장이신 예수 그리스도를 통해
용서받게 되고 영광을 누리게 된다는 뜻입니다.
아멘!

다섯 번째는 순금으로 된 등잔대와 두 감람나무 환상이에요(4장).
이것은 성전 재건 공사 중 어려움을
당한 자들에게 하나님께서
역사하시겠다는 의미와
우리를
도우신다
훗날 그리스도를 통해 이루어질 교회가
성령으로 완성된다는 뜻입니다.
이는 힘으로 되지 아니하며
능력으로 되지 아니하고
오직 나의 영으로 되느니라
(4:6)
여섯 번째는 날아가는 두루마리 환상입니다(5:1-4).
슈우웅
당시 백성들이 저지른 죄악들을 하나님께서
심판하신다는 내용입니다.
꽥!
죽을 목숨

여덟 번째는 네 병거의 환상입니다(6:1-8).
붉은 말과 검은 말은 피 흘림과 전쟁으로 인한 죽음을
흰말과 얼룩말은 승리와 신속함을 뜻하는데
하나님의 신속한 심판과
죄인들의 멸망!
으악!
택한 자들의 구원을 보여줍니다.
!
7장은 벧엘 사람들의 금식에 관한 질문에 하나님께서 답변해주시는 내용입니다.
금식보다 중요한 건 그 사람의 마음이다!
8장에서는 구원의 약속이 주어지죠.
순종하면 영광을 보리라!

스가랴서에는 다양한 예수 그리스도의 모습이 예언되어 있습니다.
이사야서와 함께 예수 그리스도의 여러 사역을 소개하고 있는 책입니다
나귀를 타고 예루살렘에 입성하실 것이라는 내용과(9:9)
겸손한 예수님
은 30냥에 팔리게 될 것이라는 예언이 나타납니다.(11:12,13)
종 한 명의 몸값
또한 그 돈이 토기장이가 밭을 사는 용도로 쓰인다는 것과(마 27:3-10)
찔림 당하실 예수님의 모습도 예언되었습니다(12:10).
찔런!
윽!
또한 하나님의 명령대로 순종하시는 종의 모습과(3:8)
심판자로 재림하시는 그리스도의 모습도 잘 나타내고 있습니다(9:11-17).

# 말라기서 MALACHI

**책 이름의 뜻?** | 말라기 선지자의 이름에서 딴 것
**누가 썼나요?** | 말라기
**언제 썼는가?** | 예수님이 태어나시기 430년 전 무렵
**어떤 책인가?** | 소선지서(예언서). 구약 시대의 마지막 선지자로서 율법도 제대로 지키지 않고 하나님께 흠 많은 예배를 드리는 유다 백성들에게 죄를 뉘우치고 회개할 것을 가르친 이야기이다.

## 구약의 마지막 선지자 말라기의 탄식!

구약성경의 마지막 예언이 기록된 말라기서는 예수 그리스도를 위해 준비된 세례 요한의 출현과 심판의 날에 구원받은 자들이 누릴 기쁨과 영광을 보여줍니다. 또한 신약성경과의 다리 역할을 하여 예수 그리스도의 임재를 사모하도록 돕는 훌륭한 역할을 하고 있습니다.

결국 백성들은 하나 둘
메시아 왕국은 뻥이었나?
왕 실망
현실의 만족을 위해 불의한 생활에 빠져들게 됩니다.
좋은 제물 내가 접수한다
제사장
십일조는 내기 싫어
그때 말라기 선지자가 등장합니다.
하나님의 백성들은 성결을 유지해야 합니다
성결!
메시아 왕국은 성결한 신자들이 들어가게 될 것이오!
그는 오랜 기간 선민인 이스라엘에 부어주신 하나님의 사랑을 깨우치고(1:2-5)
출애굽
광야
가나안
백성들은 마땅히 감사를 드려야 한다고 변증합니다.
할렐루야!
제사장들의 범죄에 대해서도 단호하게 책망합니다. (1:6-14)
성의 없는 제사를 드릴 바에는 차라리
성전 문을 닫아버리는 게 나을 것이오!
아흑! 부끄러워

말라기는 백성들도 책망합니다(2:10-16).
문란한 결혼생활은 안 됩니다!
당시 백성들은 불법적인 혼인과 이혼을 하고 있었습니다.
이방 여인 좋아!
마누라는 싫어!
뻥
또한 십일조를 훔친 백성들을 책망하며 십일조를 통한 축복을 설명합니다.
만군의 여호와가 이르노라
너희의 온전한 십일조를 창고에 들여
나의 집에 양식이 있게 하고
그것으로 나를 시험하여
내가 하늘 문을 열고 너희에게
복을 쌓을 곳이 없도록 붓지 아니하나 보라
(3:10)
말라기서의 마지막 부분은 구약 39권의 결론이라고 할 수 있습니다
하나님께서 정하신 심판의 날이 오면
The Day of the Lord
악한 자들은 모두 멸망될 것이며(4:1-3)
풀무불이 모든 것을 태우듯!
구원받은 성도들은 축복을 누리게 될 것을 예언합니다.
할렐루야!

심판의 날이 이르기 전에
엘리야가 나타날 것이라는 예언도 주어집니다(4:1-6).
여기에서 엘리야의 나타남은 세례 요한의 출현을 의미하죠
이래서 말라기가 중요해요!
말라기
구약
신약
400년 중간기
죄가 이 땅에 어떻게 시작됐는지를 보여주는 창세기로 시작된 구약은
죄
저주가 시작됐다!
아직 저주 아래 있는 인간들을 보여주는 말라기로 끝을 맺습니다.
…
그러나 신약의 사복음서에는 기쁜 소식으로 가득합니다.
죄로부터 자유를 주신
구주 예수님
말라기는 세례 요한(엘리야)을 예언하면서 구약과 신약을 연결하는 것으로 끝을 맺습니다.

# 알고 나면 더 유익한

# 성경 상식

성경에 나타난 절기들은 언제부터 지키게 되었을까요?
유대인들은 무얼 먹고 어떻게 살았을까요?
성경 시대의 문화와 풍습을 안다면 성경이 더욱 가깝게 느껴질 거예요!

성경의 절기들
성경에 나오는 절기들에는 어떤 의미가 있을까요?
절기는 특정한 사건을 기념하여
우리나라에서 광복절, 3·1절 등을 지키는 것처럼
그 뜻을 다시 한 번 새기기 위한 의미 있는 제도입니다
오늘날 성도들은 성경에 나타난 절기들을 똑같이 지키지는 않지만
다 지키면 넘 머리가 아플 것 같아 ~ 끙 ~
난 너무 배고플 것 같아 ~!
절기 속에 담긴 영적 의미는 기억해야 할 것입니다.
옛썰!
초막절
광야에서 인도하신 하나님을 잊지 말아야지!
출애굽 한 이스라엘 백성은 광야를 지나는 동안 초막 생활을 해왔습니다.
낮에는 뜨겁고 밤에는 추워~!
초막에서 못 살겠다!
그러나 하나님께서는 이스라엘 백성에게 낮에는 구름 기둥을, 밤에는 불 기둥을 허락하셨습니다.
이제는 좀 견딜 만하구나!
가나안에 정착한 이스라엘 백성들은 40여 년 동안의 초막 생활을 기억하며
그땐 그랬지
7일 동안 초막에 거하며 하나님의 은혜에 감사했습니다(레 23:42,43).
이것이 초막절 이지요!
가나안에서는 초막 생활을 청산한 것처럼
우리도 훗날 나그네 생활을 청산하고 영원한 처소인 천국에서 살 거예요!

유월절
하나님이 유월절 어린양의 피로 이스라엘 백성들의 장자들을 살려주셨어요!
유월절은 애굽의 종살이에서 해방된 것을 기념하는 절기인데
하나님께서 이스라엘의 장자들을 살려주셨음을 잊지 않도록 하기 위한 절기입니다.
출애굽 직전, 애굽 땅에 있는 모든 처음 난 것은 바로의 장자로부터 몸종의 장자, 모든 가축의 처음 난 것까지 다 죽었습니다.
으악!
음매애!
아이고, 우리 아들!
그러나 이스라엘 자손은 한 명도 죽지 않았습니다(출 11:5-7).
샤방
하나님은 어린 숫양을 무교병, 쓴 나물과 함께 먹고
윽!
쓰다
어린양의 피를 문설주에 바르라고 이르셨습니다(출 12:7,8).
유월절은 하나님의 사랑으로 구원받게 됨을 뜻하며
살았다!
유월절 어린양은 십자가에 달리신 예수님을 뜻합니다.
이튿날 요한이 예수께서 자기에게 나아오심을 보고 이르되
헉
보라 세상 죄를 지고 가는 하나님의 어린양이로다(요 1:29)

## 오순설(칠칠설, 맥추절)

밀 추수를 감사하는 오순절에 모세는 율법을 받았고, 사도들은 성령을 받았죠!
오순설은 밀 추수의 첫 소산을 바치고 봉헌하는 절기인데
훗날 모세가 시내산에서 율법을 받은 날로도 기억하죠.
"오순절 날이 이미 이르매 그들이 다 같이 한곳에 모였더니… 그들이 다 성령의 충만함을 받고 성령이 말하게 하심을 따라
할렐루야!
주님!
다른 언어들로 말하기를 시작하니라" (행 2:1,4)
오순절에 마가의 다락방에 하나님의 큰 은혜가 임했습니다.
예수님이 승천하신 후 성령님이 임하신 것입니다.
다 성령의 충만함을 받았죠
오순절에는 떡 두 덩이로 요제를 드리게 되는데(레 23:17)
두 개의 떡 덩이는 유대인과 이방인을 상징합니다.
유대인
이방인
오순절은 맥추절의 신약적인 명칭입니다
이스라엘의 3대 절기는 이것입니다.
유월절
초막절
오순절

## 유대인들의 의복

유대인들은 어떤 옷을 입고 살았을까요?
이스라엘 지방의 날씨는 덥고 건조했기 때문에 당시 사람들은 기후에 맞는 옷을 입었습니다.
먼지도 많고… 에휴~
햇볕은 완전 따가워
겉옷은 길게 늘어진 헐거운 옷을 입었는데
이것이 바로 태양을 피하는 법!
천의 재질과 색, 장신구로 신분이 구별되었습니다.
샤방
샤방
꾀죄죄~
제사장들은 특별한 옷을 입었고
에봇이라고 하죠!
흉배에는 12지파를 상징하는 12개의 보석이 달려 있습니다.
이것이 바로 유대인 남자의 복장입니다.
머리에 쓰는 터번 혹은 스카프
허리띠
겉옷, 망토
겉에 입는 튜닉
속에 입는 튜닉
샌들

이것은 여자의 의복입니다.
장신구 – 귀걸이, 코걸이, 발목장식, 팔찌, 머리장식 등
속옷
겉옷, 가운
속치마
샌들
성경엔 진리를 옷으로 표현한 부분들이 여러 곳에서 등장합니다.
바울은 새롭게 태어난 그리스도인들에게 옛 삶의 방식을 벗어 버리고
사람에게는 의의 생활을, 하나님께는 거룩한 삶을 살라고 명령합니다.
의
거룩
"너희는 유혹의 욕심을 따라 썩어져가는
구습을 따르는 옛 사람을 벗어버리고
이젠 안녕~
오직 너희의 심령이 새롭게 되어 하나님을 따라
죄
의와 진리의 거룩함으로 지으심을 받은 새 사람을 입으라"(엡 4:22-24)
또한 "주 예수 그리스도를 옷 입으라" 고 권면하고 있습니다(롬 13:12-14).
JESUS
정욕을 위해 살지 않기를…

## 유대인들의 음식

성경 시대엔 무엇을 먹고 살았을까요?
성경 시대에는 곡식이 주요 음식이었습니다.
건조 상태로 보관하면
고기나 야채보다
더 오래 보관할 수 있죠!
이스라엘 땅에서는 곡식류 외에 포도, 올리브, 무화과도
잘 자랐습니다.
포도는 으깨어
발효시킨 뒤 포도주를
만들었죠!
크아아~
맛 좋다!
올리브는 짜서 기름을 만들었습니다.
음료로도
먹고
요리, 세탁,
피부약으로도 사용
유대인들에게는 금지된 식단이
있었습니다.
먹지 마시오!
율법이 부정한 음식을 분류해주고
있었죠!
율법
자세한 내용은 신명기 14장과
레위기 11장에 나옵니다
정결음식법의 큰 특징 중의 하나는
돼지고기를 금기시하는 것이라
할 수 있습니다.
접근금지!
유대인들은 돼지고기를 '흰고기'라고
돌려서 부를 정도로 입에 담기조차
꺼려합니다.
.....
또한 신명기 14장 21절을 근거로
육류와 유제품을 같이 먹지 않습니다.
따로
따로

"너는 염소 새끼를 그 어미의 젖에 삶지 말지니라"(신 14:21)
음매~ 그럴 순 없지
만약에 이런 음식을 먹으면 어떻게 되죠?
?
만약에 이런 음식을 먹으면
부정한 인간으로 간주되었습니다.
당신 그럴 수 있어?
....
에잇! 더러운 인간!
못난 놈!
그럼 금지된 식단을 살펴볼까요?
禁止
낙타, 토끼, 오소리, 돼지, 파충류 등의 동물과
꿀꿀
독수리, 올빼미, 박쥐, 매 등의 조류가 포함됩니다.
부엉
이런 율법은 구별의 의미뿐 아니라
다른 민족
하나님 백성
보호의 의미도 갖고 있습니다.
죄
오늘날의 그리스도인들에게 그대로 적용되는 것은 아니지만
지금도?
하나님의 백성들은 '성결'해야 한다는 원칙에는 변함이 없습니다.
성결
죄

# 그 사건이 어디에 나오더라?

"이 사건, 분명히 성경에서 본 것 같은데!"
하지만 기억나지 않는다고요? 성경의 주요 사건들을 분류해 정리해놓았습니다.
궁금할 때마다 찾아보면 도움이 되겠죠?

### ▸ 창세기의 사건

하나님이 천지를 창조하심 창 1:1-2:3
하나님이 아담과 하와를 창조하시고 에덴동산에 거하게 하심 창 2:4-3:24
아담과 하와가 선악과를 따먹고 에덴동산에서 쫓겨남(인류 최초의 죄) 창 3:1-24
가인이 동생 아벨을 죽여 최초의 살인자가 됨 창 4:1-15
하나님은 홍수로 이 땅을 심판하시고 노아는 방주를 만들어 구원을 얻음 창 6:1-9:17
하나님은 홍수 후에 무지개를 보여주시면서 노아와 언약을 맺으심 창 9:8-17
바벨탑 사건과 하나님이 언어를 혼잡하게 하신 사건 창 11:1-9
하나님께서 죄악이 넘치는 소돔과 고모라를 심판하심 창 19:1-28
롯의 아내가 소금 기둥이 됨 창 19:15-26
아브라함이 이삭을 제사지낼 뻔함 창 22:1-19
이삭의 아들 에서가 동생 야곱에게 상속권을 팜 창 25:27-35
야곱이 천사와 씨름함 창 32:22-32
요셉이 애굽에 팔려감 창 37:1-36

### ▸ 이스라엘 민족이 애굽을 탈출하면서 벌어진 사건

모세가 바로의 공주에게 구원받음 출 2:1-10
모세가 떨기나무 가운데서 하나님의 부르심을 받음 출 3:1-22
애굽에 10가지 재앙이 내려짐 출 7-11장
최초의 유월절을 지냄 출 12:1-30
출애굽 출 12:31-14:31
홍해가 갈라짐 출 14:5-31
나무를 던지자 마라의 쓴물이 달게 되어 먹을 수 있게 됨 출 15:22-26
모세가 바위에서 물을 냄 출 17:1-7
십계명을 받음 출 20:1-17
모세와 금송아지 출 32:1-35

### ▸ 광야와 가나안에서 벌어진 사건

12명의 정탐꾼들이 약속의 땅을 탐지함 민 13장
모세가 뱀에 물린 자들을 살리기 위해 놋뱀을 장대에 달아 들어 올림 민 21:4-9
발람과 말하는 나귀 민 22:21-35
요단강이 갈라지고 이스라엘 백성이 요단강을 건넘 수 3:1-17
여리고 성이 함락됨 수 6:1-27
아간이 전리품을 자기 장막 안에 감춤 수 7장
태양이 멈춤(지구의 자전이 멈춤) 수 10:1-15
기드온과 300용사가 미디안과의 싸움에서 승리를 얻음 삿 7장
삼손과 들릴라 삿 16:4-22
룻과 보아스가 만남 룻 2장

### ▸ 이스라엘 왕정기의 사건

이스라엘의 초대 왕 사울이 세워짐 삼상 11:12-15
다윗이 왕으로 기름부음 받음 삼상 16:7-13
다윗이 골리앗과 싸워 이김 삼상 17:1-58
다윗 왕과 밧세바 삼하 11:1-27
엘리야와 바알 선지자들의 대결 왕상 18:16-40
나아만 장군이 문둥병 고침을 받음 왕하 5:1-19
엘리야가 불수레를 타고 하늘로 올라감 왕하 2:9-15

### ▸ 이방 나라의 압제 하에서 벌어진 사건

다니엘과 세 친구 단 3:1-30
다니엘이 사자굴에 들어감 단 6:1-23
벽에 글씨가 써짐 단 5:5-28
느헤미야가 예루살렘 성벽을 재건함 느 1:1-7:3
바사(페르시아)의 왕비 에스더가 동족을 구출함 에스더서
요나가 물고기 뱃속에 들어감 욘 1:1-2:10

# 하루만에 꿰뚫는 만화 성경관통(구약편)

초판 1쇄 발행 2009년 2월 12일
초판 27쇄 발행 2025년 12월 4일

지은이 조대현

펴낸이 여진구
책임편집 이영주
편집 진효지 최현수 구주은 안수경 김도연 김아진 배예담
책임디자인 마영애 노지현 조은혜 정은혜 남은진
마케팅 김상순 강성민 마케팅지원 최영배 정나영
제작 조영석 허병용 경영지원 김혜경 김경희 김영하

303비전성경암송학교 유니게 과정
이슬비전도학교 / 303비전성경암송학교 / 303비전꿈나무장학회

펴낸곳 규장

주소 06770 서울시 서초구 매헌로 16길 20(양재2동) 규장선교센터
전화 02)578-0003 팩스 02)578-7332
이메일 kyujang0691@gmail.com 홈페이지 www.kyujang.com
페이스북 facebook.com/kyujangbook 인스타그램 instagram.com/kyujang_com
카카오스토리 story.kakao.com/kyujangbook
등록번호 1922-2461
since 1978.08.14



책값 뒤표지에 있습니다.
ISBN 978-89-6097-094-6 77230

## 규 | 장 | 수 | 칙

1. 기도로 기획하고 기도로 제작한다.
2. 오직 그리스도의 성품을 사모하는 독자가 원하고 필요로 하는 책만을 출판한다.
3. 한 활자 한 문장에 온 정성을 쏟는다.
4. 성실과 정확을 생명으로 삼고 일한다.
5. 긍정적이며 적극적인 신앙과 신행일치에의 안내자의 사명을 다한다.
6. 충고와 조언을 항상 감사로 경청한다.
7. 지상목표는 문서선교에 있다.

하나님을 사랑하는 자 곧 그의 뜻대로 부르심을 입은 자들에게는 모든 것이 合力하여 善을 이루느니라(롬 8:28)

ecpa Member of the Evangelical Christian Publishers Association

규장은 문서를 통해 복음전파와 신앙교육에 주력하는 국제적 출판사들의 협의체인 복음주의출판협회(E.C.P.A:Evangelical Christian Publishers Association)의 출판정신에 동참하는 회원(Associate Member)입니다.